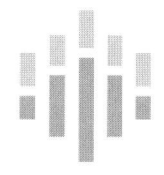

俄罗斯转轨时期对外贸易战略研究

赵正东 董学峰 康一丁 石磊 著

中国社会科学出版社

图书在版编目（CIP）数据

俄罗斯转轨时期对外贸易战略研究/赵正东等著 . —北京：中国社会科学出版社，2020.6
ISBN 978 - 7 - 5203 - 1256 - 1

Ⅰ.①俄… Ⅱ.①赵… Ⅲ.①对外贸易—经济战略—研究—俄罗斯 Ⅳ.①F755.121

中国版本图书馆 CIP 数据核字（2017）第 261077 号

出 版 人	赵剑英
责任编辑	车文娇
责任校对	王纪慧
责任印制	王　超
出　版	中国社会科学出版社
社　址	北京鼓楼西大街甲 158 号
邮　编	100720
网　址	http：//www.csspw.cn
发 行 部	010 - 84083685
门 市 部	010 - 84029450
经　销	新华书店及其他书店
印　刷	北京明恒达印务有限公司
装　订	廊坊市广阳区广增装订厂
版　次	2020 年 6 月第 1 版
印　次	2020 年 6 月第 1 次印刷
开　本	710×1000　1/16
印　张	11
插　页	2
字　数	141 千字
定　价	56.00 元

凡购买中国社会科学出版社图书，如有质量问题请与本社营销中心联系调换
电话：010 - 84083683
版权所有　侵权必究

摘　　要

当今世界，随着经济全球化、信息化发展速度的不断加快，各国间政治、经济联系日益紧密。作为一国对外经济合作的重要形态——对外贸易在世界经济发展中所起的作用越来越显著，尤其是以俄罗斯为代表的转型国家，其对外贸易战略的调整更是直接成为影响经济发展战略的重要因素。俄罗斯对外贸易战略在转轨的不同时期随着经济全球化的发展及国内形势的变化而不断调整演变，旨在更加适应其参与经济全球化进程及国内经济政策调整的需要。从历史角度分析和研究俄罗斯转轨时期对外贸易战略的变化不仅能对经济史学做出必要的补充，而且还能从中进一步了解和解读其对外贸易战略调整的深层次意向、轨迹及内涵等，以进一步总结和吸取其贸易体制改革及战略调整的经验与教训。

目前，随着经济全球化成为世界经济发展不可逆转的时代潮流，各国对世界经济的依赖不断加深，故在谋求经济合作中把发展对外贸易关系放在了十分重要的位置，即更加重视对外贸易政策的调整和国家对外贸易战略的制定，试图通过实施行之有效的对外贸易战略使国家在经济全球化中获得必要的静态和动态效益，加快促进本国工业化的进程。尤其是抓住第三次科技革命带来的机遇，加速实现产业结构的调整升级，推动制度创新、企业创新、科技创新等，加速改革进程，提振经济发展。

俄罗斯自20世纪90年代初开始选择市场经济体制以来，对外贸易体制的变革正式成为俄罗斯经济体制改革的重要组成部分。俄罗斯在经济转轨的不同时期对对外贸易战略不断地调整，即从自由化贸易战略转为以能源出口导向为主的多元化贸易战略，后又转为创新型现代化对外贸易战略。这种对外贸易战略的重大调整较好地适应了国际、国内形势变化的需要，从而获得了较好的效果。

但应该指出的是，其对外贸易战略在取得成果的同时也带来一些负面的影响，并逐渐渗透到国民经济的各个领域。主要表现在以下四点：一是以资本密集型商品为主的出口特点，导致其出口商品中原材料的比重过大，加重了其对国际原材料市场的依赖程度；二是技术密集型产品紧缺，投资型产品的比重过低，与之相反的是生活必需品的份额不断增长；三是对外贸易中由于对欧盟的依赖度较高导致对外贸易发展的失衡，尤其是当欧盟出现债务危机时，将不可避免地受到冲击，造成整体经济的不断下滑和金融市场流动性资金的短缺；四是多国贸易壁垒影响俄罗斯出口贸易，一些西方国家为了减少对俄罗斯原材料、化工产品、燃料等产品的进口，有针对性地制定相关反倾销政策，给俄罗斯对外贸易战略的实施造成了严重影响；等等。以上问题是在对外贸易发展过程中形成的弊端，但随着其对外贸易战略的不断修订与完善，有些问题已得到了不同程度的解决。

现阶段，中俄两国政经合作进入历史最佳的发展时期，中俄双边经贸合作发展势头良好，经贸交往规模迅速扩大。在这种背景下，中国更应该清晰、客观、及时地了解俄罗斯对外贸易战略发展的轨迹及未来走势，并结合自身经济发展的实际情况来确定双边经贸合作的重点领域及具体合作的方式等，以使两国间的贸易合作得以进一步发展。

目　录

绪　论 ·· 1

第一章　对外贸易战略的一般分析 ···································· 11

第一节　对外贸易战略概述 ·· 11

第二节　对外贸易战略相关理论 ···································· 22

本章小结 ·· 35

第二章　俄罗斯转轨时期对外贸易战略调整的背景及动因 ········ 37

第一节　对外贸易战略调整的背景 ································ 37

第二节　对外贸易战略调整的动因 ································ 42

本章小结 ·· 47

第三章　俄罗斯转轨时期对外贸易战略的演变轨迹及特点 ········ 50

第一节　对外贸易战略的演变轨迹 ································ 50

第二节　对外贸易战略的主要特点 ································ 55

本章小结 ·· 58

第四章 俄罗斯转轨时期对外贸易战略调整的内容及保障措施 …… 61

第一节 叶利钦执政时期对外贸易战略调整的主要内容及保障措施 …… 61

第二节 普京执政时期对外贸易战略调整的主要内容及保障措施 …… 78

第三节 梅德韦杰夫执政时期对外贸易战略调整的主要内容及保障措施 …… 92

本章小结 …… 96

第五章 俄罗斯转轨时期对外贸易战略调整的效果评析 …… 99

第一节 对叶利钦执政时期对外贸易战略调整效果的评析 …… 99

第二节 对普京执政时期对外贸易战略调整效果的评析 … 109

第三节 对梅德韦杰夫执政时期对外贸易战略调整效果的评析 …… 114

本章小结 …… 117

第六章 俄罗斯对外贸易战略的发展趋势 …… 119

第一节 高新技术出口导向战略的发展构想及目标 …… 119

第二节 高新技术产业出口导向战略需具备的基础及面临的问题 …… 123

本章小结 …… 127

第七章　中俄双边贸易发展现状及对策建议 …………………… **129**

　　第一节　中俄双边贸易发展现状及存在的问题 …………… 130

　　第二节　加速中俄双边贸易发展的对策建议 ……………… 152

　　本章小结 ………………………………………………………… 156

结　论 …………………………………………………………………… **158**

参考文献 ………………………………………………………………… **161**

绪　论

一　问题的提出

20世纪80年代末到90年代初，在苏联（俄罗斯）发生的巨大社会变迁引起了世界的普遍关注。此后，这个拥有丰富历史和文化背景的超级大国在变幻莫测的政局变换中开始了自身经济体制的转型——质的转变。回顾和分析这一转变过程，可以清楚地看到其有着广泛而深远的内外部历史和现实背景，并经历了艰难曲折、在探索中寻找发展新路的艰辛。"自20世纪70年代中期开始，首先在欧洲地区的西班牙、希腊等国家先后发生由现代民主法制取代原本的军人独裁政权的国家政治转变。"① 不久，位于欧洲南部及拉丁美洲的各国也相继发生了类似的变化，实现了现代化进程中的国家重建。20世纪80年代末到90年代初，东欧的一些原社会主义国家的政治体制、经济体制发生突变，最使人感到震撼的是，社会主义国家的始祖——苏联，于1991年正式对外宣布解体，成为当时世界最令人震惊的事件。这30多年间在世界一些国家和地区所发生的变化，引起了人们的广泛关注，成为谈论和研究的热点话题。

在这场史无前例波澜壮阔的国家体制转型过程中，俄罗斯在独

---

① 冯绍雷：《原苏东、南欧、拉美与东亚国家转型的比较研究》，《世界经济与政治》2004年第8期。

立后继承了苏联独特的文化背景及国际地位,并进行了较为复杂的社会转型,政治制度及经济体制等均出现了巨大变化。

俄罗斯转轨过程中涉及了较多的领域,其中包括政治、经济、社会以及对外关系等。在这些领域中,经济转轨影响最大,可以说对俄罗斯后来的政治、经济发展起到了决定性的作用。而对外贸易战略作为经济发展战略的重要一环,在其中更是扮演着不可或缺的角色。值得思考的是,作为世界面积最大的国家——俄罗斯在短短100年间就进行了两次大规模的经济制度转型,而且这两次经济制度转型在世界近代经济发展史上的影响是前所未有的,被称为20世纪经济制度转型的两次最伟大的典范。所以,研究俄罗斯转轨时期经济体制改革进程、方式以及遇到的问题与达到的程度等就显得十分重要。

目前,学术界已有一些关于俄罗斯经济体制转轨的研究成果问世,其中多数是以不同阶段经济体制或者经济政策对主流经济(官方经济或正式经济)发展造成的推动和阻碍来推断该时期经济体制改革的成效。但伴随着经济的发展,俄罗斯对外贸易战略的演变已成为一个引起普遍关注的重要领域。一国对外贸易战略的重大调整是围绕整体经济战略而展开的,20世纪90年代初期,俄罗斯采用开放的经济自由化战略代替以往政府垄断的对外经济战略以后,新的经济战略打开了俄罗斯对外贸易战略相对封闭的局面,经济自由化思潮蔓延,并随着经济全球化进程的加速,俄罗斯在积极发展市场经济思想的引导下不断加大对对外贸易战略调整的力度,以促进对外贸易的发展。

综观苏联解体以后对外贸易体制变革,可以发现,其制定的战略指导方向和战术措施上都与整体转轨思路保持步调一致,而且在经济转轨的各个阶段都有着战略和政策上的重点和方向,旨在重振国家经济建设，以适应世界经济形势变化的需要。据俄罗斯联邦海关署对外公布的数据显示，2011年俄罗斯对外贸易总额为8213亿美元，较上年同比增长31.2%；同期对外贸易顺差增长了25.3%，达2107亿美元。俄罗斯的季度平均贸易利润占GDP的10.20%，最高时达25.21%，由此可见，对外贸易对俄罗斯整个国家经济的发展起到了巨大的拉动作用。因此，俄罗斯对外贸易战略的研究只有在充分考虑其经济体制转轨大背景的前提下，才能对战略的调整做出完整的分析，得出更加全面、客观的正确结论。

俄罗斯作为当今世界经济快速发展的经济体，在苏联解体危机过后，具体采取何种措施、何种途径推行经济体制改革，以实现社会的稳定及经济的恢复与发展，这是一个相当重要的现实问题。因此，在经济全球化的发展背景下，来回顾和分析俄罗斯转轨以来对外贸易战略的演变过程及其在国家经济体制改革中所处的地位及产生的作用等具有重大的研究价值及现实意义。

俄罗斯转轨时期，对外贸易发展较快，其所产生的影响覆盖了国民经济的各个领域，但同时也潜藏着巨大的负面影响。主要表现在不合理的对外贸易战略使得俄罗斯形成出口以能源和原材料为主，进口以轻工业产品为主的较低层次的商品结构。俄罗斯拥有丰富的能源和自然资源存量，根据相关数据统计，俄罗斯石油占世界探明储量的12%—13%；天然气占世界探明储量的1/3，位居世界第一；煤、铝的蕴含量位居世界第二；铁蕴藏量位居世界第一。长期以来，俄罗斯都是以资本密集型产品出口为主，但实行市场经济体制后，其原材料及初级产品出口的比重增长明显，1994年，上述产品出口的比重占整个对外出口商品的75%以上。这些数据表明，俄罗斯出口商品中原材料产品比重过大，对国际原料市场的依赖较为严重，同时技术密集型产品对国外市场的依赖性也很大；相反，投资型产品的比重过低,另外生活必需品的份额不断增长,约占进口产品总额的40%。俄罗斯缺乏商业吸引力,在全球商业吸引力排行榜上名列120位以下。究其原因,主要是"系统性的腐败"占据了较大比重,这主要表现在税收、海关、执法等领域的规章制度不健全,执法人员随意性较大,普遍缺乏透明度和社会监督。此外,俄罗斯在对外贸易战略实施过程中过度依赖欧盟,使得贸易地位不平等。2010年俄罗斯同欧盟国家的贸易总额达到2896亿美元,占其贸易总量的46.3%。随着欧债危机的持续发酵,俄罗斯整体经济下滑,市场运营受到影响,最终导致金融市场流动性资金的短缺。因此,研究俄罗斯转轨时期对外贸易战略发展对具有相似国情国家经济建设的健康发展具有重要的借鉴作用。

现阶段,中国正处于社会经济转型期,作为与俄罗斯具有相近的国情背景,与其保持政经紧密关系且同是快速发展中的国家,进一步加强对俄罗斯转轨时期对外贸易战略以及其未来的发展趋势等问题进行深入探索,总结和吸取俄罗斯对外贸易战略调整方面的经验教训,并结合我国社会发展实际情况实施行之有效的对外贸易战略目标,特别是对今后进一步促进两国间的经贸往来具有极其重要的理论意义及现实参考价值。

二 国内外研究现状

截至目前,国内外针对俄罗斯转轨时期对外贸易战略等相关问题的研究已有较多的成果问世,其中包括学术性论文及部分专著等。在此分别对国内外的研究现状及主要观点加以简单的梳理与归纳。

(一)国外相关研究文献述评

国外学术界针对国际贸易问题的研究出现了诸多的流派,并已形成了关于国际贸易的基本理论体系架构和一些新的研究方法。针对对外贸易方面，国外的研究成果较多地集中在对外贸易的作用、政策及经济效应或对外经贸关系等问题上。比如对对外贸易与经济增长的关系进行实证分析方面的代表人物有巴拉萨（1978）、克斯顿和米切里（1995）、Wacziarg（1998）。在构建贸易体制偏向指数，并通过对商品价格扭曲方向和程度进行检验，以证明资源优化配置中贸易体制变化的作用方面的代表人物是 Krueger（1984）。

针对俄罗斯对外贸易战略与转轨时期经济发展密切相关的代表性研究成果有《俄罗斯发展前景预测：2015年最佳方案》（作者阿巴尔金），该书认为在2015年之前，俄罗斯长期经济社会发展战略构想主要体现在三个不同的发展阶段，俄罗斯将在不同的发展阶段根据形势的变化采取不同的经济发展政策。通过阅读该书，可以了解和掌握俄罗斯的经济转轨计划，以及诸多的现实重大问题，并且书中提供了较为系统的统计资料，具有很高的参考价值。在经济发展规划与预测上，俄罗斯科学院维克多·伊万特尔院士发表了《俄罗斯2002—2025年经济长期发展规划》，书中提出了俄罗斯经济的惯性发展及创新跨越式发展两种模式，并对其进行了经济效应分析。由别洛乌索夫编写的《2020年前俄罗斯经济社会发展的长期预测报告》（2005年）全面分析了影响俄罗斯经济增长的因素，并提出了"四种"经济发展前景，即超工业化现代化发展前景、"全球化冲刺"发展前景、"经济孤立主义"发展前景和"以能源为中心"发展前景。另外，《俄罗斯社会经济发展》一书也对俄罗斯长期经济发展前景进行了预测，提出在2030年之前俄罗斯的经济发展方案，即在拓展国内需求的同时扩大出口和加快技术进步与创新。除俄罗斯国内的相关研究成果外，一些国际组织机构也发表了一些关于俄罗斯对外贸易战略的研究成果，比如世界银行、国际货币基金组织和经济合作与发展组织等均对俄罗斯的经济发展战略及政策、现状、面临的问题与发展前景等进行了研究，为本书研究俄罗斯转轨时期的对外贸易战略提供了较为丰富的理论及开阔的视野。

总体来看，俄罗斯学者公认的对外贸易战略理论大致可分为三个阶段：第一阶段，传统产品依然占据出口的主导地位，并进一步发展进口替代战略；出口的主要目的是扩大外汇储备，同时重视出口商品的质量。另外，合理调节进口商品结构，通过关税的调节增加食品、轻纺商品的进口从而降低其在进口额中的比重。第二阶段，进一步实施进口替代及出口替代贸易战略，即降低半成品在进口商品结构中的比重，鼓励国内相关生产企业的发展以进行替代，将发展的重点集中在进口投资品及国外先进的技术设备上，为国内经济发展的良性、有序发展奠定坚实的基础。第三阶段，实行对外贸易全面自由化战略，即参照国际经验——随着经济的不断发展，生产工艺在发展中不断得到优化，导致同一产品在投放到国际市场和国内市场时所体现的价值在一定程度上是同等的。这就为俄罗斯全面自由化的对外贸易战略的实施奠定了基础，创造了条件。

（二）国内相关研究文献述评

国内关于俄罗斯对外贸易战略的相关研究成果也较多，尤其是在研究对外贸易战略的作用和类型以及中国对外贸易战略等方面的文献更为突出。其中，徐朝阳、林毅夫（2011）在《管理世界》上发表的题为"发展战略、休克疗法与经济转型"一文中主要论述了俄罗斯休克疗法与经济转型的关系，休克疗法的作用及产生的影响。在对外贸易战略选择上，佟家栋（2010）认为一国在选择对外贸易战略时应该将其他国家的贸易战略的变化考虑在内，提倡使用博弈理论分析一国对外贸易战略的调整。刘军梅（2014）通过对俄罗斯对外贸易战略及相应的配套政策工具进行归纳总结，发现了俄罗斯对外贸易战略由"进口替代"到"休克疗法"再到"能源大棒"的清晰的演进脉络。

在俄罗斯对外贸易战略的问题上,国内研究主要集中于对其经济战略的分析。《21世纪俄罗斯的经济发展战略》一书通过分析转轨时期国内工业和农业发展状况,全面阐述了俄罗斯对外经贸关系的演变及其发展趋势。"转型时代丛书"之一的《俄罗斯经济转型》全面系统地研究了俄罗斯经济转型的路径选择、宏观经济的发展演变、转型中的区域经济与部门经济、微观经济的治理与调整,并对俄罗斯对外贸易政策的发展趋势进行了预测。《重新崛起之路——俄罗斯发展的机遇与挑战》一书创新性地提出了俄罗斯经济发展战略的新构想。

在俄罗斯经济转型的问题上,包孟和(2011)[①]对俄罗斯经济转轨早期存在的问题进行了系统性的研究,比如苏联的瓦解、严重的通货膨胀问题及经济结构失调等,在此基础上探讨了具有相似国情的中国应当吸取的经验教训,以便顺利地实现经济转轨和过渡。刘军梅(2010)[②]从俄罗斯两次金融危机入手,重点分析了金融危机对俄罗斯产生的影响,并得出俄罗斯经济最致命的弱点——依靠油气收益和外国低息贷款来发展经济,同时近十年的经济转型和发展并没有改变其经济结构和发展模式,再次证明在金融的开放与自由化上,市场经验不足的转型与发展中国家一定要慎重对待。陆南泉(2010)[③]主要研究了经济转型中激进的"休克疗法";严重经

---

① 包孟和:《经济转型不同时期出现的问题比较》,《中国对外贸易》(英文版)2011年第22期。
② 刘军梅:《应对金融危机:从比较中看俄罗斯经济的转型与发展》,《东北亚论坛》2010年第3期。
③ 陆南泉:《对俄罗斯经济转轨若干重要问题的看法》,《经济社会体制比较》(双月刊)2010年第2期。

济转轨性危机出现的缘由等问题。郝士平（2012）① 提出俄罗斯经济转型给相似国情国家的启示：坚定经济转型的方向；确保改革创新顺利进行。陈新明（2010）② 对俄罗斯经济在 2008 年金融海啸酿成的世界性经济危机中作为"金砖四国"的成员而遭受的冲击进行分析，并全面探讨了经济危机的复杂影响，在此基础上做出了开拓中俄贸易市场的前景预测。

三 研究内容与方法

（一）研究内容

本书在进行写作时以马克思辩证唯物主义的立场和方法作为指导，借鉴西方国际贸易理论，对俄罗斯转轨时期对外贸易战略发展演变及其对中俄双边贸易的影响进行了系统的理论分析和实证研究，并在此基础上，力求客观地给出研究结论和改善对策。本书由以下几部分组成。

绪论部分主要介绍了问题提出的背景、国内外在该领域的研究现状、研究的主要内容以及采用的研究方法等。

第一章为对外贸易战略的一般分析，主要论述了对外贸易战略的含义、特点、内容、影响因素以及相关理论等，指出对外贸易战略制定中考虑这些影响因素的重要性。通过国内外学者的观点总结，阐释了国际上传统的对外贸易战略，指出了俄罗斯在工业化初期首先实行进口替代贸易战略，在发展过程中又转向出口导向贸易战略，并积极探求新的对外贸易战略，为分析俄罗斯在转轨时期对外贸易战略奠定理论基础。

---

① 郝士平：《俄罗斯经济转型困境及对我国的启示》，《中国经贸导刊》2012 年第 2 期。
② 陈新明：《论俄罗斯经济危机——生成原因·复杂影响·前景预测》，《长春市委党校学报》2010 年第 1 期。

第二章对俄罗斯转轨时期对外贸易战略调整的背景及动因、面临的机遇与挑战进行了概括分析，总结了影响俄罗斯对外贸易战略的国际背景及国内外因素，并分析了转轨背景下俄罗斯对外贸易面临的一系列机遇和挑战。俄罗斯只有在经济转轨过程中不断发展和保护自身的比较优势，积极采取措施克服劣势，面对转轨以来国内和国际市场的变化，及时抓住机遇，迎接挑战，才能真正找到适合自身国情的对外贸易战略。

第三章系统总结了俄罗斯在经济转轨时期对外贸易战略的演变轨迹及特点，即从贸易自由化战略转为以比较优势为基础的对外贸易战略，接着又转为创新型对外贸易战略。本章还对俄罗斯对外贸易战略的特点进行了阐述。

第四章和第五章概述了俄罗斯对外贸易战略的总体情况，总结了俄罗斯对外贸易战略调整的内容和保障措施，并从对外贸易规模、进出口商品结构、产业结构升级等方面分析了俄罗斯对外贸易战略的实施效果，结合俄罗斯的实际发展情况从理论上进行了深入思考，并对俄罗斯转轨时期对外贸易战略的实施效果进行了评析。

第六章概括性地总结了俄罗斯高新技术出口导向战略的发展构想，进而对实现这一构想的各种因素进行了分析，并指出了当前俄罗斯高新技术出口导向战略在实施过程中面临的困境。

第七章全面介绍和分析了中俄双边贸易发展的现状、存在的问题及主要原因，尤其是俄罗斯加入 WTO 以后给中俄贸易带来的机遇与挑战，并通过对中俄贸易发展前景的预测，提出了中俄全面发展双边贸易的对策建议。

结论部分总结概括了俄罗斯在转轨时期对外贸易战略的优缺点，并对中国实施对外贸易战略提出建议。

(二) 研究方法

对某一问题的研究,其研究的方法略有不同很自然,但基本方法大体上是相似的。在本书的研究方法上,主要以马克思辩证唯物主义的立场和以事实为基础的方法论作为指导,尊重历史与现实,并从事物的发展角度,对俄罗斯转轨时期对外贸易战略问题展开较为系统的研究与分析,力争更加客观地解读每一种变化,把过程研究与结论研究有机地串联起来,找出事情的发展根源及轨迹,提取出较为正确的结论,使其成为有用、可供参考的依据。

1. 资料整理分析与现实分析相结合

资料整理分析是研究某一问题的基础,笔者是在收集梳理国内外大量相关研究成果的基础上展开后续写作的,并对俄罗斯贸易体制改革及其各时期的贸易战略调整及中俄贸易关系等进行了分析,在整个研究的过程中,尽量让规范分析建立在事实分析的基础上,解读要有程序感,从现实的角度观察问题,并找出问题的症结所在,尽量做到结论有据,以减少主观判断的片面性。

2. 理论与实际相结合

理论是研究事物变化的基础。本书是在整理大量相关对外贸易理论的基础上,对俄罗斯转轨时期对外贸易战略调整展开研究的。在分析每一时期俄罗斯对外贸易战略调整时,不是简单地以事论事,而是从理论的高度分析其变化的目的及产生不同结果的原因,只有在以理论为基础的条件下展开各种研究,才可能不会偏离方向,得出的结论才更具说服力。因此,理论联系实际的方法是本书的指导思想与基本方法。

第一章　对外贸易战略的一般分析

第一节　对外贸易战略概述

一　对外贸易战略的含义

"战略"一词在中国《辞海》中被解释为"泛指重大、带有全局性和决定全局的计谋",其重要程度不言而喻。随着社会的发展,经济发展战略是发展中国家为使经济由落后变为先进所拟定的长期性、全局性、根本性的目标和对策。

对外贸易战略是一国兼顾本国资源与生产要素禀赋、实际经济发展状况,并基于国际分工与国际经济关系的调整而制定的能对资源配置与竞争效率产生积极影响的系统的贸易政策和制度,是一国工业化发展战略的组成部分。能够在一定程度上反映国家在经济增长方式、产业结构、国际分工定位等方面上的选择,与此同时,也能体现出政府方面对经济的引导与干预,具有全局性、系统性及长远性特点,对一国经济发展水平及国际竞争力都有着极其深远的影响。

一国在进行对外贸易战略的选择时,首先应该充分考虑本国或地区的经济发展水平、自然禀赋、劳动力素质以及相关政治环境等多种因素。国际贸易的诞生使得世界各国尤其是经济相对比较落后的发展中国家,纷纷致力于完善本国对外贸易战略,以期经由对外贸易的迅速发展来实现本国经济的发展。

二 对外贸易战略的特点

对外贸易战略①从根本上来说具有全局性、整体性和稳定性三个方面的特点。对外贸易战略从全局性角度出发主要体现在:一国在制定对外贸易战略时主要考虑在世界经济分工体系的基础上,如何充分发挥本国的资源条件优势,实现经济发展目标,并对本国对外经济交往与合作起到重要的指导作用。对外贸易战略的整体性是指其制定的原则、指导思想、进出口策略、贸易体制和贸易政策等组成部分之间是相互联系、彼此协调、互相促进、相辅相成的,进而从整体上为对外贸易和经济发展提供指导作用。对外贸易战略的内在要求是其稳定性,它要求对外贸易战略在一定时期内保持稳定,避免朝令夕改,以便更好地对未来对外贸易发展方向、方式、目标等的确定起到指导作用。但是,对外贸易战略的稳定性并不是一成不变的,要随着国内外条件的变化适时做出调整,但对外贸易战略的基础不可随意更改。这种特点既能保证国际贸易的安全、有序发展,又能在一定程度上增强本国与世界各贸易伙伴国之间交往合作的可预见性。

三 对外贸易战略的主要类型

在当今世界贸易往来中,一个国家选择的对外贸易战略类型,主要依据本国的资源要素禀赋及经济发展状况而定,目的是有利于总体经济发展,并获取最大经济效益。其基本类型概括起来大体有以下几种。

---

① 参见刘旭《对外贸易发展战略与对策》,电子工业出版社2011年版。

(一) 进口替代型贸易战略

进口替代型贸易战略①通常是指一国通过限制出口、保护进口来扶植本国工业，促使本国经济发展向工业化道路迈进，进而全面改善本国贸易条件及解决国际收支困难等问题。该战略实行的用本国产品代替进口产品的战略需要经历两个不同的阶段：第一阶段，针对消费品而言，日用消费品的进口替代总是在耐用消费品进口替代之前。第二阶段，中间产品、资本品的进口替代。一般来说，有关进口型替代贸易战略的理论依据众多，主要有保护幼稚工业理论及"中心—外围"理论等。

进口替代型贸易战略在实施过程中并没有相对固定的要求和模式规范，但通过对世界各国进行对外贸易的实践过程进行观察仍可以发现，在实施进口替代型贸易战略时世界各国都会运用一些相似的政策来辅助对外贸易的开展。具体来说，这些政策包括以下几个方面。

1. 实行贸易保护政策

作为进口替代型贸易战略的基本政策，贸易保护政策强调在针对外国制成品尤其是消费品的进口时采取关税和非关税贸易壁垒限制甚至全面禁止的政策，借此保证本国新建产业的发展空间。同时应该看到，进口替代型贸易战略并非完全实施相同的保护，而是对于不同的商品采取有针对性的保护政策。比如，在面对本国进口替代工业产品时采取较高程度的贸易保护，在对其他部门产品上采取较低程度的贸易保护。以关税为例，首先将消费品的关税设定为最高标准，其次是中间产品的关税额度，最后是机器设备的关税额度，对于进口那些对本国经济发展十分有利的机器设备、中间产品

---

① 参见傅龙海《国际贸易理论与实务》，对外经济贸易大学出版社2009年版。

将以减免进口关税的形式给予支持,以获得本国技术进步的利益。①另外,为了减少外汇的流通,对一些非必需品尤其是价格昂贵的奢侈品的进口采取限制政策,此外,还会通过进口配额制度、发放许可证制度等来实现进口特别待遇。贸易保护政策在实施过程中带有明显的抵制进口、尽量回避参与国际分工的特征。

2. 实行高估本国货币汇率及强化外汇管制政策

采取进口替代型贸易战略的国家为了减轻进口带来的外汇压力,大肆提高本国货币兑换他国货币的比率,这样虽能节约进口资本物品所需要的外汇,但对于产品出口会产生不利的影响,长此以往也会使得关税保护失去部分作用,不能得到充分的发挥。为了促进并支持进口替代工业的快速、有序发展,一些国家严格地控制外汇分配比例,为进口替代工业部分划分较多的外汇,以方便其进口国家经济发展所必需的相关机器设备和中间产品。这也是本国有限的外汇资源最佳的利用方式。使用国家力量对外汇进行管制②,具体措施有:外汇不能出现在私人和企业之中;外汇银行强制有偿回收通过不同途径流落于企业和居民手中的外汇;出口商只能接受一定程度范围内的外国货币,如作为国际清偿手段的外汇等;适当照顾进口替代工业,实行外汇配给;严格管制流出国外的资金等。

3. 对本国进口替代工业实行优惠政策

这些优惠政策通常体现在税收减免、价格优惠、信用担保等方面,国家通过对进口替代工业的这些方面实行优惠政策来推动其发展。具体表现为:在国民经济的重点发展部门实行必要的税收减免

---

① Lampe, M., Sharp, P., "Tariffs and Income: A Time Series Analysis for 24 Countries", *Cliometrica*, 2013, 7 (3): 207-235.
② 蒙智睦:《外汇管理体制改革与外汇主体监管模式构建》,《区域金融研究》2012年第9期。

政策，如进口税、企业所得税等；降低借贷利息的优惠政策在进口替代工业中的应用；对国内重点发展工业实行加速资本折旧的手段来加速资本积累；加大国家在进口替代工业（尤其是基础工业）上的参与程度和资金投入力度，以加速该国基础设施建设和公用事业的发展；部分国家还对重点扶持的产业施行资源优先分配权，以加速国内工业化的进程。

（二）出口导向型贸易战略

出口导向型贸易战略倾向于发挥一国的比较优势，以便在国际分工中获益，方法是通过不断扩大出口推动国家工业化和经济发展，其理论基础是比较优势理论和自由贸易理论，一般划分为初级产品出口和次级产品出口两个发展阶段，前者以出口农产品和原料为主，后者将重点放在制成品上。

出口导向型贸易战略在实施过程中强调出口商品国际竞争力的提升，以不断开拓和扩大国际市场，这就要求一国在实施出口导向型贸易战略时必须有针对性地采取与进口替代时期完全不同的政策和措施，具体内容如下。

1. 积极鼓励本国商品的对外输出

在关税方面，对出口制成品采取不同程度的减免、退税、补贴制度；国家为产品出口提供一定的信贷和保险；在进口和出口部门产品生产需要的相关原材料、机器设备及零配件时，国家根据进口情况适当减免关税，甚至还会放宽进口限制，贸易自由化政策引导国内企业积极参与国际合作，不断开拓国际市场。

2. 制定严格的外汇留成与本币贬值政策

一般来说，汇率会在出口导向型贸易战略实施初期出现偏高趋势，这种情况出现时政府会转变要求，使出口部门不必按照官方汇率把出口所得的全部外汇都售与外汇管理部门，而是鼓励其按照适当的比例对部分外汇留成，并按照市场汇率价格转售，也可用于进口某些需要的投入品，从而积极鼓励产品出口。假使一国调整汇率水平使本币高估，会对产品出口产生不利影响，很多国家都会通过本币对外贬值的方法对汇率进行调节，以增强该国在国际市场上的竞争能力。

3. 对出口企业实行优惠政策

国家对本国面向出口的企业实行包括减免企业所得税、营业税等在内的众多优惠政策。同时，还有部分国家对本国面向出口的工业实行加速折旧制度，在原材料、土地、基础设施及其他相关服务的提供上对出口企业采取优先政策。开创性地设立自由贸易区和出口加工区，积极参与国际市场竞争与合作，不断对引进的外资和先进的科学技术加以吸收和创新，以全面弥补本国在资金、技术、经营管理能力等方面的缺陷，从而大力推动本国以制成品为主的次级产品出口。

4. 积极的外资吸引政策

鼓励外国投资并给予投资者相应优惠和方便的政策，是一国缓解出口导向型贸易战略的实施对该国造成资金和技术缺乏问题的方式之一，它能促使该国不断地吸收外国先进的管理经验，为进一步开拓国际市场销售渠道打好基础。[①] 具体表现为：享受国民待遇；国内相关基础设施和公用事业服务优先权；投资审批手续简化权；利润和信贷放宽政策；为投资者及其家属提供居住方便等。

（三）混合型贸易战略

在分析了进口替代型和出口导向型两种贸易战略利弊的基础上，

---

① Mariniello, M., "Should Variable Cost Aid to Attract Foreign Direct Investment be Banned? A European Perspective", *Journal of Industry, Competition and Trade*, 2013（2）: 273 – 308.

混合型贸易战略的提出将两者结合起来，构建了一种合并两战略之长、避开两战略之短的新型的对外贸易战略。而在如何实现两战略的结合上，国内普遍存在三种观点：一是综合运用进口替代型贸易战略和出口导向型贸易战略，实现重点有序的、双层次的综合发展；二是对进口替代型贸易战略和出口导向型贸易战略实行平衡交叉运用；三是交替使用两战略，前者以国内市场为主，后者以国际市场为主。

虽然混合型贸易战略强调将进口替代型贸易战略和出口导向型贸易战略结合起来，但从实践的角度来看仍是很难实现的。这主要是因为：首先，从政策内容上看，其实质仍是进口替代型贸易战略，只不过混合型贸易战略增加了出口鼓励、市场机制等方面的改革，只能算是改良的进口替代型贸易战略，因为混合型贸易战略仍实行政府干预及保护下的全面进口替代[①]，仍保留进口替代型贸易战略排斥进口的过高关税和非关税壁垒。其次，因为市场对进口替代型贸易战略和出口导向型贸易战略的要求不同，进口替代要求对机器制造业投入大量的物力及时间，而扩大出口却要求立即引进各种外国先进设备，提升本国产品生产的科学技术以及市场竞争力，两种战略的政策效果在一定程度上相互抵消，更是难以实现有效作用的发挥。以至于世界银行在《世界发展报告》中称"实行奖励除了起到抵消进口保护的抑制作用外，没有多大其他用处"[②]。最后，该战略没有充分的理论依据。进口替代活动和出口鼓励措施可以存在于任何一种战略中，最终采取何种战略将取决于哪种政策措施所占的分量更重。比如，通过对"亚洲四小龙"和日本的实践考察能

---

① http：//wiki.mbalib.com/wiki/混合型贸易战略。
② http：//www.docin.com/p-109448528.html。

够发现，这些国家和地区都是兼顾进口替代和出口导向活动的，之所以被称为出口导向型贸易战略国家和地区，是因为它们更倾向于鼓励出口。

笔者认为，混合型贸易战略虽然结合了出口导向型贸易战略和进口替代型贸易战略，但是其实质上仍是受WTO规则限制的进口替代型贸易战略的进口保护政策和出口导向型贸易战略的出口政策。

（四）自由化型贸易战略

自由化型贸易战略[①]倾向于一国在对外贸易中发挥自身比较优势，对本国具有比较优势的产品鼓励出口，而对本国不具有比较优势的产品实行进口，以便最大限度地实现本国资源的优化配置。与此同时，自由化型贸易战略强调实施自由贸易政策，不允许政府干预本国对外贸易，对进出口既不保护也不鼓励。

自由化型贸易战略虽然与上述几种对外贸易战略相比，较为理想，但其无论是在理论上还是在实践上都因为各国经济发展环境的不理想而受到普遍批评。这就导致发展中国家需要对对外贸易战略适时做出调整和创新。

根据上述对进口替代型贸易战略、出口导向型贸易战略、混合型贸易战略和自由化型贸易战略的分析可知，这四种对外贸易战略各有自己的优缺点。总的来说，相对于封闭的进口替代型贸易战略，开放型的出口导向型贸易战略占有优势，所以对于那些传统上实行进口替代型贸易战略的发展中国家而言，该结论具有

---

① 自由化型贸易战略（不保护进口、不鼓励出口）不符合加入WTO以后中国经济发展的要求。这主要是因为：从理论上来说，零干预的自由贸易政策所依据的静态比较优势理论有很大的局限性；从实践上来说，完全实行放任的贸易自由化战略将导致劳动密集型产业长足发展而资本密集型产业相对萎缩。在中国实施这个战略将面临工业化进程延缓、"贫困化增长"和出口潜力难以发挥等不可避免的问题。

重要的借鉴意义。但是，从另一方面来说，出口导向型贸易战略又存在一定的局限性，这就要求俄罗斯这样的发展中国家在积极借鉴经验的同时，要不断加强创新，寻找和创造新的对外贸易战略。

四 对外贸易战略的基本内容

对外贸易战略的基本内容需从几个不同的方面深入理解。首先，对外贸易战略是整个经济发展战略的重要组成部分，在经济发展战略中处于特殊的、核心的地位。这是由世界经济背景下国际分工和资源配置的优化发展决定的，不同的对外贸易战略会造成一国在经济发展战略的许多方面上的差异，因此对外贸易战略从属于整体经济发展战略的同时也会反过来决定经济发展战略的众多方面。所以，国内外学者将发展中国家实行的进口替代型贸易战略和出口导向型贸易战略称为对外贸易战略的同时，又将其视为经济发展战略。其次，对外贸易战略体现了一国比较完整的对外贸易政策和制度体系。实行对外贸易战略是为了对国民经济的发展起到积极的促进作用，重点体现在政府实行的一系列对外贸易发展的政策和构建的制度上。除此之外，对外贸易战略还包括更为广泛的含义，比如产业政策等。作为一个系统化的政策体系，对外贸易战略从本质上来说是服务于对外贸易和经济发展的。再次，参与国际分工的立场和方式是对外贸易战略的核心。例如，韩国在20世纪60年代便开始探索由进口替代型战略向出口导向型战略的转变，并依据自身的比较优势积极参与国际分工，以获取经济的长期高速增长。最后，政府对经济活动的监管及干预也是对外贸易战略的重要内容。值得关注的是，对外贸易发展模式不是一成不变的，不应局限于进口替代型战略或者出口导向型战略的狭窄分类中，其是一个持续不断的、动态的调整过程①,它需要国家根据自身经济发展目标、国内外经济环境变化并借鉴相似国情的其他国家对外贸易发展经验来调整自己的对外贸易战略,即一国对外贸易战略的选择和优劣评价必须建立在全面考虑当下国际和国内经济环境的基础上,只有这样才能使其战略更加富有成效,并获得较好的经济效益。

五 影响对外贸易战略选择的主要因素

一国对外贸易战略的选择对促进本国国际分工和国际贸易发展具有重要的指导作用,而本国生产要素禀赋、发展战略、国内经济发展水平、国际经济环境等众多因素都会在一定程度上对国际分工和贸易活动产生影响,进而影响国家对外贸易战略的选择。

(一) 国内资源和生产要素禀赋

大多数学者认为,影响一国对外贸易的基础性因素主要是国内资源和要素禀赋的优劣两个方面,只有按照基础性因素选择对外贸易战略才能充分发挥本国的优势,实现对外贸易的发展,带动整体经济增长的目标,否则,将会导致国内资源配置的错位和扭曲,不利于本国经济的发展。只有一国对外贸易发展的可持续性建立在合理利用本国禀赋优势的前提下,才能真正发挥本国的生产要素禀赋优势,提升国家在国际分工中的效率和地位。

(二) 经济发展战略

对外贸易战略作为整体经济发展战略的重要组成部分,从本质上来说是完全服从于整体经济发展战略的,这就要求在选择对外贸易战略时要基于积极实现整体经济发展战略目标的根本要求。

---

① Sakyi, Daniel et al., "Trade Openness, Growth and Development: Evidence from Heterogeneous Panel Cointegration Analysis for Middle–Income Countries", *Cuadernos de Economía*, 2012, 31 (57): 21–40.

(三) 经济发展水平

一国对外贸易战略选择的基础便是本国实际经济发展水平。具体来说，一国经济发展水平指的是本国与其他国家或地区相比，本国经济发展所处的阶段、人均 GDP 等指标在世界经济中所处的地位。经济发展水平不同，国家在对外贸易战略的选择上也有所不同，体现在发达国家与发展中国家上便是对外贸易战略的自由性与保护性的强弱程度。

(四) 经济发展规模

本书所指的经济发展规模概念是基于我国发展经济学的始祖张培刚教授的划分标准，按照一国人口数量和疆域等相关指标来确定的该国经济规模的大小。将那些人口、疆域或资源等都较小或较少的国家的经济称为小国经济；将那些地域广阔、人口众多、国内市场规模庞大，可以将国内市场需求作为经济发展主要动力的国家的经济称为大国经济。

(五) 需求状况

需求状况对一国对外贸易战略选择上的影响体现在两个方面，即国内市场的需求量和需求偏好的变动。假使一国国内市场规模庞大，内部需求充足，则可实行进口替代型战略，将内需作为该国经济发展的主要动力。相反，若一国国内市场规模较小，内需不足，则适合实行出口导向型战略。此外，需求偏好的变化也会影响一国对外贸易战略的选择，当民众对某一商品数量和品质的需求产生变化时，会造成该商品供求关系的变化，进而影响对外贸易战略的选择。

(六) 国际经济环境

影响一国对外贸易战略选择的外在因素主要是国际经济环境的变化，包括多边贸易体制、经济全球化程度、国际分工格局、他国贸易政策等。因此，一国面临的国际环境就成为影响该国对外贸易战略的客观条件。这就要求必须采取积极主动灵活的做法，在充分研究和把握本国经济发展面临的主客观条件下，努力适应国际经济环境变化的要求，及时对对外贸易战略做出相应的调整。

第二节 对外贸易战略相关理论

一 国家竞争优势理论

20世纪90年代，迈克尔·波特在《国家竞争优势》一书中提出国家竞争优势理论，将国家经济兴旺的实现与否直接定位于能否从国际竞争中获得优势。总的来说，生产要素禀赋、国内需求状况、关联产业、企业的战略和内部组织以及竞争状况等因素是影响某一产业获得国家竞争优势的关键所在。此外，该理论还认为国家的产业结构不是一成不变的，而是在发展中具有较强的主观能动性，能够根据上述几个因素的变化做出适当的调整，而不会被固有的比较优势束缚。

在对外贸易战略的选择上，可以积极发挥国家竞争优势理论的指导作用。具体表现为鼓励具有或者可以获取竞争优势的产业出口，同时减少不具备竞争优势产业的出口量，并做出适当调整。国家竞争优势理论强调的是整体的、动态的、长远的利益，具有一定的战略性特点。该理论认为根据一国政府在竞争优势培养过程中的主观能动性作用来提升其在产业结构建立和发展中的参与度，能够实现优势产业的快速发展。而且正是该理论存在的先进性特征使其在世界各国政府制定对外贸易战略中能够发挥重要的指导作用，进而在一定程度上对一国贸易战略的选择和出口产业结构的建立产生影响。

当前大多学者认为，现阶段我国集中在服装、鞋帽等行业之上的比较优势存在单一性和片面性。一方面，这些行业技术含量缺乏，难以长期保持较强的竞争力；另一方面，单一化的竞争优势产业会阻碍我国经济的可持续增长，不能获取长远的利益，因此需要不断地培育那些能够获得动态、长远利益的优势产业。要采取积极有效的措施，将获取竞争优势理论作为本国对外贸易战略的指导理论。

值得注意的是，竞争优势理论与比较优势理论之间并不是相互否定的关系，两者在某些方面存在一定的分离，而在另一些地方却能达到融合。① 具体来说，比较优势理论将一国产业发展的潜在可能性作为关注点，包括该国在国际贸易中掌握的资源禀赋和产业发展的有利条件。而国家竞争优势理论则强调一国产业发展的现实，将侧重点放在一国在国际贸易竞争中自身的产业发展和企业经济策略行为产生的积极作用上。两种理论关系密不可分，一般情况下处于相互依存的状态。从根本上说，两者的本质均是在国际范围内实现对生产力的比较，那么假使某一产业具有较强的比较优势，那么随之而来的必将是相对较强的国际竞争优势，此时的比较优势更多的是通过竞争优势来表现的。同时，一国竞争优势与比较优势之间是彼此分离的关系，比较优势可以普遍存在于每个国家，但竞争优势却不是每个国家都能拥有的，这是因为受供求关系的影响，那些拥有某些稀缺或重要资源的国家会在国际贸易活动中赢得更多利益，自然也能获得较高的优势地位，而某些国家则正好相反。有三

---

① Fedotovs, Aleksandrs, "A Small Nation's Comparative Advantage: The Case of Latvia", *Business and Economic Horizons*, 2010, 1 (1): 51–57.

种情况可以表现一国战略角度上比较优势和竞争优势的互相融合，即现实的比较优势、潜在的比较优势、可创造的国家比较优势。现实的比较优势[①]是指一国某一产业因为要素差异或者某些生产条件上的差异，使得其相对于另一国家的这一产业而言，在国际大竞争中具有客观的相对成本比较优势，这便是国家的比较优势和竞争优势，其不是一成不变的，而更有可能在发展过程中逐渐消散。潜在的比较优势[②]是指没有在国际竞争中表现出竞争优势的一国的某一产业，按照要素禀赋的国际差异和产业结构升级规律，上升为一国国民经济支柱或主导产业，在这种情况下，政府对该产业采取综合利用调整和相对扶持的手段实现该具有竞争优势的产业的良性发展，并得到更有效的延续。至于可创造的国家比较优势[③]，国际贸易活动中较为常见的是一些发展中国家拥有的较强比较优势的产业通常情况下并不是国家经济向往发展的主导产业。虽然发展中国家根据自身比较优势在国际分工中能够获得一些静态的微小利益，但从本质上来说，其与整个国家的产业战略发展是相悖的，且存在较大风险，牺牲换得的利益会因为国际政治经济等大小环境的变化而丧失。因此，国家要想形成可创造比较优势的产业，就应该尽可能选择那些跳跃式发展且具有深刻战略意义的产业。

二 国际收支调节吸收理论

国际收支调节理论中的吸收法（米德，1952）旨在为众多国家面临的国际收支困境做出解释，并进一步提出通过总收入和总支出

[①] Waldkirch, A., "Comparative Advantage FDI? A Host Country Perspective", *Review of World Economics*, 2011, 147 (3): 485 – 505.

[②] Deardorff, A. V., "Local Comparative Advantage: Trade Costs and the Pattern of Trade", *International Journal of Economic Theory*, 2014, 10 (1): 9 – 35.

[③] Minondo, A., "Does Comparative Advantage Explain Countries' Diversification Level", *Review of World Economics*, 2011, 147 (3): 507 – 526.

调节国际收支平衡。该理论认为，假设一国处于开放经济条件下，那么它的国民收入（Y）就相当于消费（C）、投资（I）、政府购买（G）及出口（X）与进口（M）的差值之和，其中出口与进口的差值便是国际贸易收支差额，假设为B。国内总支出等于消费、投资、政府购买的总额，即国民收入中被国内吸收的部分，假设为A，则A表示国内总吸收，于是便存在公式 $B = Y - A$。故当国民收入大于国内总吸收时，那么国际收支为顺差；反过来，当国民收入小于国内总吸收时，则国际收支为逆差。

国际收支调节吸收理论强调利用总收入和总吸收的改变来调节国际收支，以便更好地促进国际收支平衡。当上述逆差出现时，可以实施支出转移政策，增加国民收入与本国净出口；另外还可以从减少总支出的角度出发实施吸收政策。与此相反，当国际收支出现顺差时，就要适当地减少收入或者增加支出，减少净出口。所以，国际收支调节的吸收理论可以用来对一国选择增加还是减少净出口提供必要的指导。

三 出口基础理论

该理论主要强调经济增长过程中外部需求的重要性，它认为外部市场对一国产出的需求决定了该国经济增长速度的快慢。出口产品价格、出口国的收入水平及出口产品的质量、出口商品的替代产品的价格都会影响外部需求的多少。出口产品的价格主要取决于该产品的需求情况及生产要素成本（工资、原材料、技术投入等）；受供求关系影响，国外市场对生产要素的需求量直接调节着该生产要素价格的高低，假使一国出口生产要素在国际市场上的需求不断扩大，那么该国内这些生产要素就会供不应求，进而直接推动价格的上涨，间接性地影响该国出口产品的成本与价格，导致产品竞争力下降。因此，外部需求对一国出口产品的竞争力会产生重大的影响。由此可见，一国出口要想实现持续增长，就需要保证拥有良好的外部需求与国际竞争状况。而假使某一出口拉动型经济增长的国家出口产品需求在外部市场逐渐减少，与此同时外部竞争状况及环境恶化，则会造成该国经济不断衰退。

简而言之，出口基础理论为一国经济持续与衰退做出了系统的解释，并证明了在本国经济发展过程中外部需求发挥的重要作用，明确了该理论对一国对外贸易战略的指导作用。

四 综合优势理论

学术界关于比较优势陷阱的争议持续了较长时间，学者认为依据比较优势选择对外贸易战略容易造成经济的贫困化增长，长此以往会陷入比较优势陷阱。[①] 随后，竞争优势理论开始在国内迅速普及，但也有很多学者认为，竞争优势理论相对于比较优势理论过于强调技术创新，这样会不断削弱对外贸易战略中比较优势的作用。尤其是对于俄罗斯这样的发展中国家而言，忽视自身比较优势，过分追求技术创新和产业结构的升级是不现实、不合理的，极易因付出的代价过高陷入赶超困境[②]。因此，这些学者仍提倡发展中国家以劳动力丰富的比较优势来发展经济。

在此背景下，陆善勇、韦彦在《综合优势发展战略刍议——超越比较优势战略论与赶超战略论之争的经济发展新思维》[③] 中首次提出综合优势理论。他们在书中指出比较优势理论不适合作为经济发展的指导思想，因其会导致经济的贫困化增长，同样，竞争优势

---

① 许晓军、袁辉、宁凯等：《比较优势边界与国际贸易政策研究》，《沈阳工业大学学报》（社会科学版）2014 年第 4 期。

② 赶超困境是根据古希腊哲学家芝诺提出的一个著名悖论"阿基里追龟"而产生的观念，其认为由于原始距离的存在，后来者要沿着先行者的道路赶上并超过先行者，在理论上是不可能的。

③ 《改革与战略》2005 年第 8 期。

理论也不适合指导经济发展，因其极易陷入赶超困境，对经济发展产生阻碍作用，故唯有综合优势理论方能较为系统、完善地指导一国的经济发展。

综合优势理论认为一国要素禀赋的比较优势、技术差异化优势以及交易效率共同构成了该国的综合优势。其中，国家层面和企业层面的效率被称为交易效率，国家宏观层面的效率包括一国交通、通信设备、经济文化制度及相关政府职能效率等，企业微观层面上的效率则主要指企业客观的营销效率。该理论认为具有综合优势的产业通常情况下是指那些相对于拥有要素禀赋比较优势的产业稍微高级一些的产业，该类产业很好地结合了静态的要素禀赋比较优势和动态的技术革新优势，更能为一国经济发展提供重要的指导。

五　自由贸易理论

17世纪之后，资本主义在西欧得到迅速发展，其中英国的资本主义经济发展最为显著。这就意味着资本的原始积累正在逐渐完成其历史使命并让位于资本主义的积累。此后，这一历史性变革开始不断地深入发展，与之相适应的新兴自由贸易理论也逐渐取代经济思想上日渐衰落的重商主义。自由贸易主义具有一定的科学性，这主要是因为其研究从流通领域转向生产领域，进而触及了经济现象的内在联系，并且在一定程度上奠定了劳动价值论的基础。

（一）绝对优势理论

英国古典经济学家亚当·斯密（Adam Smith，1776）的绝对优势理论是通过其著作《国富论》提出的，该理论脱胎于对重商主义财富观及财富来源的批判，被后人公认为是自由贸易理论的先驱。绝对优势理论内容主要涉及分工和贸易两个不同的部分。

其中将分工看作是增加财富和提高获得财富能力的源泉。而分工的前提便是贸易和交换，通过贸易和交换方能保证分工的维持和扩大。亚当·斯密认为，提高劳动生产率是增加国民财富的重要条件之一，而分工又能大大提高劳动生产率。不管是对于个人、家庭还是国家来说，真正的财富都是商品及获取商品的能力，这论证了绝对成本说或地域分工说的合理性。绝对优势理论主要是沿着分工将提高劳动生产率和规模报酬这两个分析思路展开，而当交易活动超出一国范围时，国际分工和国际贸易就会出现。根据绝对优势理论，在两个国家生产两种商品的情况下，其中一国在一种商品的生产中具有较高效率，另一国在另一种商品的生产中具有较高效率，则两国在不同商品的生产上分别拥有绝对优势，此时如果两国根据各自的绝对优势进行专业化分工，并相互进行交换，双方均能从中获益。总的来说，基于劳动价值论基础的绝对优势理论，在世界历史上首次站在生产领域的角度，阐释了国际贸易产生的某些客观原因，同时也第一次证明了国际贸易是一种真正的"双赢博弈"，为国际贸易理论的科学化、合理化建立做出了巨大贡献。而且，从某种意义上来说，实现这种"双赢"至今仍是当代世界各国积极扩大对外开放、参与国际分工与贸易的目标所在。然而，绝对优势理论也存在自身的缺陷和不足，具体表现在它只能解释国际贸易中的一小部分贸易事实，即国际上具有绝对优势的国家在参与国际分工和国际贸易的时候能够获得利益，却无法解释国际上那些在所有产品生产上都存在劣势的国家的对外贸易情况。

（二）比较优势理论

大卫·李嘉图（David Ricardo，1817）继承和发展了亚当·斯密的绝对优势理论，并在此基础上建立了以自由贸易为前提的比较优势理论。该理论首要的是对亚当·斯密没有解决的问题的一个回应，针对亚当·斯密认为的国际分工应按照因地域、自然条件不同而形成的商品成本绝对差而分工的观点，即一个国家输出的商品一定是生产上具有绝对优势、生产成本绝对低于他国的商品的观点，大卫·李嘉图在其基础上进行了发展，但与亚当·斯密不同的是，他提出以比较优势替代绝对优势成为主导。比较优势理论和绝对优势理论具有相同的假设前提。因为模型的建立只涉及两个国家、两种产品及一种要素，故后人有时将大卫·李嘉图的比较优势简称为"$2 \times 2 \times 1$"模型。该理论认为，是商品生产的相对劳动生产率在决定两国贸易的基础，而不是生产这些商品的绝对劳动生产率。根据李嘉图的绝对优势理论建立的对外贸易模式是专门生产并出口其绝对劣势较小的商品，与此同时，专门进口其绝对劣势相对较大的商品，然后通过对外贸易交换，在资本和劳动力不变的情况下，使生产总量增加。两国福利会在国际分工中得到改善，如此形成的国际分工对贸易各国都有利。可以简单地概括为"两优取重、两劣取轻"，这就是经典的比较优势理论。而劳动生产率的改进则是贸易利益的主要来源。李嘉图认为，资本和劳动力不能在国际自由流动时，依据"比较优势理论"的原则进行国际分工，能够促使国家形成合理的劳动配置，增加产品数量和生产总量，对国际贸易中的各国都有较大的益处。但是，比较优势理论成立的关键前提是一国完全的自由贸易，即"在商业完全自由的制度下，各国都必然把它的资本和劳动用在最有利于本国的用途上，这种个体利益的追求很好地和整体的普遍幸福结合在一起，由于鼓励勤勉奖励智巧并最有效地利用自然所赋予的各种特殊力，它使劳动得到最有效和最经济的分配；同时，由于增加生产总额，它使人们都得到好处，以利害关系和互相交织的共同纽带把文明世界各民族结合成一个统一的社会"。①

六 保护贸易理论

英、法两国高速发展产业革命时,欧洲、北美洲其他国家的资本主义工业还处在萌芽状态或正在成长时期。为了保护本国新兴的民族工业免受英国经济力量的冲击,美国、德国等后起资本主义国家采用了与自由贸易完全相反的贸易保护政策,在全国范围内实施贸易保护理论。贸易保护理论最早源于1841年德国经济学家弗里德里希·李斯特出版的《政治经济学的国民体系》一书。

弗里德里希·李斯特是德国历史学派的先驱者,同时也是古典经济学的怀疑者和批判者,早年曾在德国提倡自由主义。1825年出使美国以后,受亚历山大·汉密尔顿(Alexander Hamilton)以及美国学派的影响,并亲眼看见了美国实施贸易保护政策的长效,于是转而提倡贸易保护理论。总的来说,他的主要思想包括国家主导的工业化、贸易保护主义等。弗里德里希·李斯特的经济学目标是为了实现德国在经济上的统一,这就意味着其经济学是为国家利益和社会利益服务的,倾向于强调国家在经济生活中发挥的重要作用,这相悖于亚当·斯密的自由主义经济学。所以,在他的经济学中提出了几点对古典学派国际贸易理论的批评。

首先,大卫·李嘉图的比较优势理论不利于德国生产力的发展。李嘉图选择以价值理论作为出发点是李斯特反对的关键,针对李嘉图"认为在别国生产费用较低的商品不需要在本国生产,因为花钱向别国购买比在本国生产更有利"的说法,李斯特提出"财富的生

---

① [英]大卫·李嘉图:《政治经济学及赋税原理》,周洁译,华夏出版社2005年版。

产力比之财富本身，不晓得要重要到多少倍"的观点。虽然从表面上看，购买外国的廉价商品合算一些，但是这样做会导致德国生产力难以发展，长此以往更会影响德国在国际市场中的地位，使其逐渐陷入落后和从属于外国的境地。相对的，在德国实行保护关税政策，虽然在最初阶段会提升工业品的价格，但是随着生产力的提高，商品生产费用就会随之逐渐降低，甚至在某种程度上商品价格可能会降到国外进口商品的价格以下。

其次，李斯特指出古典学派国际贸易理论没有考虑世界各国历史和经济上的特点。他认为，古典学派在研究国际贸易理论时没有充分考虑到世界各国历史和经济发展的特点，尤其是古典学派的"各国按照比较成本可以形成合理的国际分工，而实行这种分工，只需经由自发的自由竞争和自由贸易"的观点更是一种世界主义经济学，在一定程度上体现着忽视各国不同经济发展和历史特点的缺陷，而且错误地以"将来才能实现"的世界联盟作为研究的出发点，更是不符合当时国际市场发展的特点和要求。

从某种意义上说，李斯特的贸易保护理论是他的国家干预学说的延伸。他根据对国际贸易发展史做出的考察指出，各国经济发展按照国内国民经济的发展程度一般都需要经历五个阶段，即"原始未开化阶段、畜牧时期、农业时期、农工业时期、农工商业时期"。世界各国经济发展进行的阶段不同，相应的所采取的贸易政策也会有所不同。自由贸易政策更适合那些处于农业阶段的国家，以实现农产品的自由输出，并吸引外国工业产品的流入，以促使本国农业的发展，培育工业化发展基础。针对处于农工业发展阶段的国家，在国内已有工业萌芽，但因为工业发展尚未能达到与外国产品相竞争的地步，故应实行保护关税制度，保护国内工业发展不受外国产品的冲击。同时，李斯特指出德国正处于农工业时期，要想实现农工商发展阶段的过渡，就应依靠国家采取保护关税政策，加强扶持德国工商业发展的力度。

最后，李斯特主张国家对经济的干预，反对古典学派的自由放任原则。李斯特在他的经济学中指出，一国要想实现生产力的发展，就必须依靠国家的力量对经济进行必要的干预，而不能听任经济自发地实现其转变和增长。为了进一步论证该观点，他以英国、法国的经济发展为例，指出英国之所以提倡自由贸易政策，是因为英国的工商业已有相当程度的发展，而英国工商业之所以能够实现此种程度的发展，在很大程度上都应该归功于当初英国政府针对工商业做出的扶持政策，法国的情况也类似。所以，在该理论得到论证以后，李斯特大力提倡在德国实行国家保护贸易政策。为了进一步强调国家干预在经济发展中的重要作用，李斯特又通过森林的形成模式来论述。他指出树木能够通过几百年的风力传播树种来形成森林，但同时也能通过植树者的作业达到同样的目的，与前者不同的是，耗费的时间将大大缩减。在经济发展过程中，国家就如同植树人对经济发展起着促进作用。

在李斯特贸易保护理论指导下实施的贸易政策主要有以下内容和特点。

首先，贸易保护政策的目的与实施对象。李斯特强调一国制定关税制度的最终目的是要为保护本国工业发展，即通过实行保护关税政策大力提升国内生产力。所以，一国采取贸易保护政策的目的应该是为了促使国内生产部门学习新技术，加强对新产业部门的投资，使国外先进生产力技术流入国内急需的产业部门中去。经过对各产业的比较，李斯特指出使用动力和大规模机器制造工业的生产力远远大于农业，因此，要尤其重视发展工业生产力。同时指出一国若过度看重农业，那么国民就会出现精神萎靡、生活习惯和方法守旧、文化福利和自由严重缺乏等问题。反之，那些强调工商业发展的国家则不然，其公民皆精神饱满、对生活充满热情。而且，一国工业发展，同样会促使农业也随之发展。在确定贸易保护政策适用的对象时，李斯特强调：第一，处于农业阶段的国家不需要保护，只有那些刚实现农业阶段跃进，同时距离工业成熟期较远的国家才适用贸易保护政策。第二，处于工业发展中的国家，若工业发展仍比较幼稚，但明显没有强有力的竞争者时，同样不需要贸易保护政策。第三，唯有那些工业刚开始发展，并且外部具有强有力的竞争者的国家才适用于贸易保护政策。当一国工业随着贸易保护政策的实施而逐步发展，并且其生产出来的产品价格低于同样进口产品并具有竞争力时，则该国的贸易保护政策就无须再实施。或者，一国工业随着贸易保护政策的实施在一个适当时期不能出现明显效果时，也可以不再继续实施贸易保护政策。这里所谓的"适当时期"，李斯特将其设定为最高期限30年。

其次，关税是建立和保护国内工业的重要手段。李斯特特别强调关税政策在一国保护贸易政策中的地位和作用，指出关税是建立和保护国内工业的重要手段，但是一国关税制度不应一成不变，而必须随着工业发展水平对关税做出适当调整。他还指出通过关税制度进行的保护并不是完全绝对的禁止出口，一种产业的建立不能依靠高至40%—60%的关税税率来实现，同样也不能仅以30%以上的关税税率来维持，否则只能证明该国并不具备建立该种生产部门的条件。① 李斯特强调国家保护制度实施的循序渐进模式，认为工业像树木一样不可能马上成材，同样，保护制度也不能雷厉风行，

---

① Hashimzade, N., Khodavaisi, H., Myles, G. D., "MFN Status and the Choice of Tariff Regime", *Open Economies Review*, 2011, 22 (5): 847-874.

否则，就会脱离于国内原本存在的商业体系，对国家产生不利的影响。

最后，针对不同的工业应该实行不同程度的保护。李斯特强调保护制度实施程度的差异性，针对保护国内的幼稚工业问题，李斯特指出"对某些工业品可以实行禁止输入，或规定的税率事实上等于全部，或至少部分地禁止输入，或税率较前者略低"①，与此同时，对"凡是在专门技术与机器制造方面还没有获得高度发展的国家，对于一切复杂机器的输入都应当允许免税，或者只征收轻微的进口税"②。

七 战略性贸易理论

诞生于20世纪80年代初期的战略性贸易理论是指基于或者可以改变不同国家竞争企业之间战略性互动形成的均衡的贸易政策。该理论自出现以后，对国际贸易理论体系以及许多国家对外贸易政策的制定都产生了重大影响，在一定程度上动摇了传统国际贸易理论的统治地位，并且在很大范围内，该理论已转化为实际的政策建议并得到了有效运用。

战略性贸易理论是在规模经济和不完全竞争的市场条件下建立的，针对传统国际贸易理论，对完全竞争的假设持以否定的态度，并将产业组织引入国际贸易理论中来。其最主要的内容为世界各国参与国际分工和国际贸易是建立在规模收益递增的产业内的专业化分工的基础上，规模经济是一国产品在世界市场上获得优势地位的主要来源。同时，指出国内企业可以通过该战略获得技术及资金的外部效应，比如为企业的生产行为带来技术进步或者成本的降低，

---

① 李斯特：《政治经济学的国民体系》，商务印书馆1961年版，第261页。
② 同上书，第265页。

并且能使其他企业也获得利益。

战略性贸易理论强调在当今世界经济一体化发展趋势的背景下，世界各国应采取战略性贸易政策，注重经济发展中国家干预的重要性，通过国家补贴或保护国内市场等手段，对本国战略性工业进行扶持，以增强其在国际市场上的竞争力。同时，战略性贸易理论认为，一国采取战略性贸易政策的理论基础是利润转移和外部经济论。利润转移理论以内部规模经济为基础，认为许多国际贸易的商品是由不完全竞争产业——寡头产业生产的，其重要特征是产品价格高于边际成本，通过政府政策扶持这类产品出口，剥夺外国厂商的出口利润，从而实现超额利润由外国厂商向本国的转移。政府应该对此类进口商品采取诸如关税保护等措施以分享外国企业的利润。因此，政府应该对此类产业提供适当的帮助。战略性贸易理论能够为解释俄罗斯对外贸易战略中采取的政策措施等提供理论依据。

本章小结

此章作为后文的铺垫及理论支撑，首先从相对宏观的角度对对外贸易战略的内涵、特点、主要类型、涵盖的主要内容及影响战略选择的因素等进行了较为全面的论述，并认为对外贸易战略是一个国家根据自身资源与生产要素禀赋、经济发展的实际状况，同时考虑国际分工与国际关系的调整等因素而指定的能对资源与竞争效率产生积极影响的，具有系统性的、连续性的贸易政策和制度；其特点是，具有全局性、整体性及稳定性；主要内容包括进口替代型贸易战略和出口导向型贸易战略，比较完整的对外贸易发展政策和制度，参与国际分工的立场、方式及政府对经济活动的干预等。在此基础上，本章梳理和分析了影响对外贸易战略制定的相关理论，其中重点分析了比较优势理论、国家竞争优势理论、国际收支调节吸收理论、出口基础理论及综合优势理论；国际贸易理论与政策方面包括自由贸易理论及政策、贸易保护理论及政策、战略性贸易理论及政策，为后面深入展开对俄罗斯转轨时期对外贸易战略调整的背景与动因、演变轨迹、推进方式、产生的效果及今后走势等问题的研究奠定了理论基础。

第二章 俄罗斯转轨时期对外贸易战略调整的背景及动因

俄罗斯转轨时期随着其政治、经济体制的转变,作为经济战略的重要一环——对外贸易战略也随之进行了重大调整,以适应其整体经济改革及发展的需要。为了加深对其贸易战略调整深层内涵的了解,对当时的背景及主要动因进行回顾及深入的分析是十分必要的。

第一节 对外贸易战略调整的背景

一 国际背景

(一)国际政治背景

首先,20世纪90年代随着"冷战"的结束,国际政治格局发生了巨大的变化,最为引人关注的是,原来两个超级大国之一的苏联解体后,美国成为世界唯一的超级大国,在政治、经济、军事领域均实现了独一无二的全球霸主地位。而解体后获得独立的俄罗斯却失去了苏联的国际地位及影响力,其国内由于政经体制的改革,市场经济的引入,处于新旧体制交错状态的国民经济发展陷入停滞甚至出现了衰退,社会秩序较为混乱,百业待兴,国家重建迫在眉睫。

其次，世界政治格局逐渐形成多极化。伴随着美国第一超级大国地位的确立，其他国家及国家行为体如欧盟等也不断发挥自身的作用，成为平衡全球政治格局的重要力量。

再次，国际政治逐渐实现从高级向低级的过渡，经济因素在国际关系中的作用不断提升。这一观点的主要代表人物是新自由主义倡导者罗布特·基欧汉及约瑟夫·奈。他们认为，相互依存、共同发展是现代国际关系的根本特征，国家间的关系日益密切，难以以一国之力来解决全球性问题，谈判逐渐取代以往武力作用，遏制被均势所取代，实现了从"高级政治"向"低级政治"的过渡。对于当今世界来说，武力已经成为解决冲突的最后手段，发展军事力量是实现国家安全的重要保障。而提升国防实力必须有强大的经济实力作为基础，否则经济落后就无从谈及提高国际影响力，所以发展经济成为当务之急，是硬道理，世界各国都比之前更加重视经济发展。

最后，和平与发展已成为各国不争的共识，经过"冷战"的洗礼，对和平的追求是世界发展的总体趋势，即使有部分地区仍是局部冲突不断，但其斗争根源还是围绕着资源、经济利益的争夺而引发的。并且，国际竞争的实质逐渐发展为以科技竞争为基础的综合国力的较量，而军事实力的较量渐渐变为次要成分。

(二) 国际经济背景

20世纪90年代初，世界各国在经济领域的相互依存度逐渐提高，利用对外贸易、资本流通、技术转移等形式来加速经济全球化发展的态势构筑，主要表现为生产、产品、金融、投资、技术开发与利用的国际化及区域集团化的趋势加快。经济全球化迫使世界各国必须采取相应的政策来适应这种变化，否则就会被边缘化，无法从中获得最佳利益。

当时，经济全球化的快速发展，主要得力于以下几个有利条件。首先，从政治层面看，"冷战"结束后，国际政治关系趋于缓和，为经济全球化的形成与发展创造了有利的国际环境。这主要表现在：国家间交往越来越重视经济因素，尤其是发展经济已成为大多数国家特别是发展中国家的重要任务，促使这些国家发展的侧重点转向市场经济范畴，同时也进一步扩大了"南南合作"及"南北对话"的范围和力度。其次，科学技术和生产力在第三次科技革命的推动下得到前所未有的发展。第三次科技革命发生于第二次世界大战结束后，对生产力和生产社会化进程产生了巨大的推动作用。基于此种原因，部分国家开始不断打破疆域限制，拓展国内外商品市场，发展市场经济。与此同时，第三次科技革命还极大地推动了交通运输及通信技术的进步，大大缩短了国与国之间的距离，便于国家进行全球范围内的经济活动。再次，经济全球化的制度力量进一步促进了市场经济体制的广泛建立。从本质上来说，经济全球化的良好运转需要建立一套可以整合、配置资源的全球协同制度体系。20 世纪末，众多国家在经济转轨过程中选择市场经济道路，按照市场经济规则进行相互交往与合作的国家不断增多，从而大大促进了国际交换与国际分工。与此同时，这些国家还纷纷加入了国际性贸易组织，使其对外交往行为能与国际接轨，并进一步促进了自身制度的建设。最后，推动经济全球化的关键因素是跨国公司的蓬勃发展。在该时期，跨国公司不断扩大经营范围，积极进行对外直接投资，设立分支机构或子公司，在全球范围内推动生产经营活动，不断扩大经济全球化范围。

经济全球化的形成与深入发展，带来了国际贸易的强劲发展势头，成为不可阻挡的时代潮流。第一，经济全球化能促使经济要素中的资本、信息、生产、货物等要素在全球范围内跨国界广泛而自由流动，从而实现资源的有效配置。第二，不断增进了世界各国之间的联系并促进了相互作用的发挥，形成了"你中有我，我中有你"的互相依赖及制约的关系。所以，经济全球化为俄罗斯转轨时期对外贸易战略的调整带来了新的机遇和挑战。首先，世界多边贸易体制的形成，在很大程度上提升了国际贸易的发展速度，加快了全球贸易自由化战略的实施。在这种背景下，俄罗斯必须加快经济体制转型的进程，并不断调整经济结构和经济政策，以应对贸易自由化带来的挑战。其次，随着金融市场的日趋国际化，世界性的金融机构网络开始形成，大量的金融业务跨国界进行，金融运行规则的国际化趋势更加明显。这股强劲的势头将俄罗斯推入经济全球化的大潮中，但当时俄罗斯并没有做好充分的准备，同时也不完全具备参与经济全球化的条件，这种情况对俄罗斯的对外贸易战略的调整带来了极大的挑战。

二 国内背景

苏联解体后，俄罗斯的政治体制发生了巨大变化，由原来的苏联共产党领导的社会主义国家体制转为总统制，确立了议会制度，政治体制已发生了质的变化。在经济领域开始废除计划经济而转向市场经济，为此需要通过对外贸易体制的变革来打破以往的国家垄断体制，以实现加速建立市场经济调节机制的目标。20世纪90年代初，俄罗斯因苏联解体而形成的原有对外经济关系基本终止，而相对封闭的经济模式等制约着俄罗斯对外贸易的发展。另外，当时经济改革推行的"休克疗法"是对原有的经济体制及相关经济政策的一种清算，对各经济领域的发展均需要重新做出构想及设置，而其设置的方向就是迈向市场经济。在这种情况下，也就锁定了俄罗斯对外贸易战略调整的基本思路。

随着俄罗斯市场经济的实践，对外贸易的自由化已成为其必然的选择，即通过贸易自由化制度和宽松的进出口贸易管制等措施来体现市场化的经济改革，故出现了1991—1994年推行的贸易体制一步到位的自由化战略。当时，俄罗斯国内市场打开后，外国商品大量涌入，挤占了国内市场，导致国内企业生产的产品受到挤压，产品销路不畅，严重影响了企业的生产积极性。

另外，对外贸易也受到了冲击，其中，对外贸易规模急剧缩小，1991年俄罗斯的对外贸易额为1218.8亿美元，增长率为-33.5%，1992年继续下滑，增长率为-26.8%，之后虽有所好转，但恢复一直较为缓慢，始终没有回到1991年的水平；对外贸易商品结构不合理，1994年对外出口商品中能源约占对外商品出口总额的45%、金属类约占30%，仅上述两类商品就占其对外出口商品总额的70%以上，进口商品中机械设备及运输工具占进口商品总额的35%以上，食品及农业用相关制品占27.7%，导致对外贸易商品结构出现以出口初级产品和进口工业制成品为主的特点。加之，推行贸易自由化战略时并没有充分考虑到应制定与其相对应的管理措施，故而这种缺失一定程度上影响到了自由贸易对国内应该发挥的作用，从而加重了转轨时期的经济危机。为此，俄罗斯从1995年开始重新调整对外贸易战略，推行有管理的贸易自由化战略。

叶利钦执政时期实施的游离于国情之外的贸易自由化战略不完全符合俄罗斯的发展实际，给国内经济造成了相当程度的负面影响，一度使国民经济发展的支柱产业陷入"出口能源与普通原材料""进口食品与生活消费品"的不利循环的局面。2000年普京执政后，面对上述问题，首先对不合理的商品结构及产业结构进行了调整，特别是对对外贸易体制的改革上，采取在继续谋求对外开放的同时推行具有循序渐进特点的对外贸易战略，以克服过急过偏、盲目自由化的倾向，稳妥地实现俄罗斯经济与世界经济一体化的融合。为此，俄罗斯制定了以比较优势为基础的多元化贸易战略，以发挥能源产品出口在经济发展中的作用，从而实现经济实力的恢复及提升其在世界经济中的地位及影响力的战略目标。

2008年5月梅德韦杰夫上台执政后，当时面临着亟待扩大对外贸易规模、进一步解决国内经济结构与商品结构失衡、过分依赖石油所出现的经济脆弱性等问题，加之当年爆发的国际金融危机，使俄罗斯经济更是雪上加霜。为了扭转这种被动局面，梅普二人联手构思了新的对外贸易战略——创新型现代化对外贸易战略，旨在加强进口管理、适度保护国内市场、实行进口替代、调整进出口商品结构、提高产品竞争力及积极拓展国外市场等，试图通过创新型现代化对外贸易战略的实施，提升国家在世界经济中的地位并发挥积极的作用。

第二节　对外贸易战略调整的动因

一　为适应经济形势变化的需要

俄罗斯对外贸易战略的调整是建立在与自身经济体制转轨同步的基础上的。贸易战略的变迁主要源于经济体制的转轨，同时也会对经济转轨的进程产生较大影响，两者是有机统一的关系。"当国家整个经济体制处于全面自由化时，对外贸易战略也会转向全面自由化；当经济出现混乱需要调整的时候，对外贸易战略也会随之出现相应的调整。"① 前者约束着后者，而后者只能起着配合及影响前

---

① 姜颖：《俄罗斯对外贸易体制转轨的绩效分析》，《俄罗斯研究》2007年第2期。

者的作用，也就是说是一种主次的关系。俄罗斯经济转轨已走过了20余年的路程，当今普京领导下的经济改革仍隐含着最初国家干预下保护主义的痕迹。

在叶利钦执政时期，俄罗斯在经济体制上全面实施"休克疗法"，推行全面的市场经济，并且放开对外贸易领域的经营管理权限，允许任何注册企业从事对外贸易活动，但在俄罗斯各种制度、法规等不够完善的情况下如此运作，难免会出现问题，其危害性甚至冲击经济体制改革，迫使国家不得不重新检讨推行中的对外贸易战略的恰当性，并进行必要的政府干预。因此，俄罗斯开始对对外贸易战略进行调整，从1995年开始实行有管理的对外贸易自由化战略。但叶利钦时期对外贸易战略仅停留在表面，没有更深层次地推动经济和制度环境的改变。2000年普京再次主政后，为重振俄罗斯经济而实施了多项改革，强调根据俄罗斯市场和民主改革过程中所创造的一切成功经验进行战略改革，且使用渐进的和审慎的方法逐步加以实施。因此，普京时期俄罗斯加强国家对经济的调控，在基于本国经济形势发展现状的基础上，制定促进出口的经济增长方针，并积极适应WTO的要求，不断与国际贸易机制接轨，全面融入贸易自由化的全球体系中。

梅德韦杰夫时期，俄罗斯确立了创新型现代化的国家发展战略，进一步将经济转轨推向新的高度。针对对外贸易严重依赖能源和原材料出口的情况，俄罗斯采取积极措施恢复原本强大的科技水平，培养高端人才，以实现以经济现代化为目标的新经济战略，并在此基础上构建创新型对外贸易战略，根据WTO的规定不断完善国内贸易立法。由此可知，俄罗斯对外贸易战略的调整时刻保持与经济体制转轨进程的一致性，这也是其顺应经济发展的必然选择。

在经济发展的探索实践过程中，人们最容易发现发展中存在的问题。只有坚持积极和持续不断的探索才能真正认识到经济运行中的弊端，并及时采取必要的措施加以解决。俄罗斯对外贸易战略调整和实施中存在的问题，促使越来越多的人对当前的对外贸易战略进行反思，以便促进对外贸易更好更快地发展。与此同时，转轨过程中还会出现一些社会问题，这些可能出现的社会问题与金融领域、经济领域的发展相互作用，会在一定程度上形成连锁反应，甚至会引发整个社会的动荡。因此，应及时发现并及时解决问题，力争将负面影响的可能性降到最低，做到防患于未然。

二 为加入 WTO 创造有利条件

促使俄罗斯调整对外贸易战略的另一个重要因素是加入 WTO。在现代经济发展的背景之下，一国经济实现长足发展的必然选择是进行对外开放，发展对外贸易，加入国际性贸易组织，融入经济全球化进程中。一国经济发展不能脱离对外贸易，这一点无论是从理论角度还是从社会现实角度，都可得到充分认证。

从理论上来说，几乎所有的主流贸易理论都能支持对外贸易的增长效应。比如亚当·斯密和大卫·李嘉图的比较优势理论、俄林的要素禀赋理论、克鲁格曼的规模经济和不完全竞争现代贸易理论等，都揭示了社会福利最大化和资源有效配置的重要性，同时也暗示对外贸易战略的最佳选择便是推行贸易的自由化。大卫·李嘉图提出两国生产产品成本不一，会造成产品在国际上价格有差别，一国应选择生产自身有比较优势的产品，以其作为出口商品与他国进行交换，形成对己有利的对外贸易局面。俄罗斯在此基础上从要素禀赋差异出发分析国际贸易产生的原因。对比较优势产生原因的解释还包括生产技术和能力高低、收入水平高低、对产品的需求偏好如何、政府政策或经济制度环境是否有利等。

从现实的角度来说，市场经济的优越性在社会经济发展过程中日渐凸显，其所体现出的资源优化配置、公平竞争、自由贸易等优势在很大程度上符合现代经济发展的要求。努力拓展对外贸易，积极参与国际分工，不仅能使国家间商品进行自由流通，还能利用资本全球化来促使本国经济的发展。

"冷战"结束以后，经济制度发生了重大变化，市场经济制度打破了以往的计划经济与市场经济平行的状态。获得了独立的俄罗斯极为迫切地进行了国际市场的开辟，因此盲目走上了完全的市场经济发展道路，以期融入自由贸易阵营，结果以失败而告终。在普京接棒再执政后，俄罗斯依然采取对外贸易自由化战略，但此时的政策显得更加理智与适度，因其建立在对本国国情认识的基础上，努力不以牺牲本国利益为代价，并通过加入WTO作为融入世界贸易体系的主要路径。

对于俄罗斯来说，加入WTO不仅能减少贸易活动中的歧视性待遇，扩大本国产品出口，而且还能进一步推动俄罗斯经济现代化的进程，因此其实质是主动变迁的一个过程。2012年4月普京在俄联邦下议院的政府工作报告中提出："不加入世界贸易组织，我们的经济就不会现代化。"这充分体现出了其调整对外贸易战略的真实用意。俄罗斯加入WTO以后，开始不断调整关税水平，同时引入外部竞争机制，引导国内企业不断改善生产条件及经营管理理念，促使其增强竞争和抵御风险的能力。与此同时，俄罗斯为加入WTO，在长期的谈判过程中，修改和修订了上千部法律，其中包括不断完善关税制度、进出口管理制度、投资制度、知识产权保护及其他与贸易有关的制度。另外，俄罗斯对外贸易战略调整也涉及一些强制性变迁因素，如适应本国经济体制的改革、市场经济的推行及与国外经济的接轨等。俄罗斯要加入WTO，必须遵循WTO的规则和制度，只有这样才能充分享有制度内的便利。所以，俄罗斯不断调整对外贸易战略实质上也是加入 WTO 的必然选择。

三 迎接和战胜面临的挑战

俄罗斯在经济转轨过程中,需要面对经济全球化和加入 WTO 的双重挑战,这两者均会促使其在国际市场上的竞争越来越激烈,同时要进一步提高国内市场的开放程度。而相对于自身生产能力和经济水平远远落后于发达国家的俄罗斯而言,自身非资源性商品在很大程度上缺乏国际竞争力,这很有可能导致俄罗斯企业的国际竞争力不断下降,给俄罗斯对外贸易战略的调整和实施带来一定阻力。同时,市场的开放性可能会强化俄罗斯对外贸易商品出口的资源性特征,俄罗斯国内市场对进口商品的依赖程度会增强。另外,根据加入 WTO 的承诺,俄罗斯国内石油和天然气的价格都不得高于国际标准价格,若将过渡期设为 7 年,那么天然气的价格将会每年上涨 38%,产品成本将不断提高,最终将会引发通货膨胀,使得俄罗斯商品失去国际竞争力,影响对外贸易战略的实施效果。

另外,外资流入虽会给俄罗斯对外贸易战略调整与实施带来一定积极作用,但随之而来的一系列消极作用也是不能忽视的。首先,外资流入在一定程度上将会阻碍俄罗斯自主选择制度转轨目标、方案及路径,造成对外贸易战略调整的局限性。美国财政部、国际货币基金组织和世界银行为俄罗斯提供资金援助是俄罗斯转轨得以实施的前提,这往往会造成俄罗斯经济的深度衰退及社会矛盾的尖锐化,使得经济转轨步入非良性循环的轨道中。俄罗斯在对外贸易中采用大量出口国内资源的方式来弥补转轨成本,在很大程度上导致了自我救助能力的丧失。而风险资本是外资流入在俄罗斯对外贸易方面的另一个不利影响,其在俄罗斯金融市场的投机和炒作行为,使俄罗斯在国际市场中的金融系统风险不断上升,从而将俄罗斯的转轨置于全球性的风险中,对其转轨进程将会造成严重的负面影响。自俄罗斯转轨以来，就引入外资净余额而言，在 2003 年以前，流入俄罗斯的外资与从俄罗斯流出的外资之差均为负数。据不完全统计，俄罗斯每年外流资本是年偿债量的三倍之多，相当于对外贸易出口收入的 1/4，从整体上来说，资本的大量外流严重影响着俄罗斯经济转轨时期对外贸易战略的具体实施，甚至成为加剧俄罗斯经济危机、金融危机的关键因素之一。所以，俄罗斯及时调整对外贸易战略是适应其政治经济体制转型、国际国内经济形势发展变化的必然选择。

本章小结

本章对俄罗斯转轨时期对外贸易战略调整的背景及动因进行了分析，认为其对外贸易战略调整的背景是较为复杂且具有极大挑战性的，其中既有来自国际政治、经济因素的影响，同时也面对着国内摒弃旧体制建立新体制、转型求变的现实。20 世纪 90 年代初，国际政治格局发生了巨大变化，主要表现在，苏联解体后，美国成为世界唯一的超级大国，在政治、经济、军事等领域确立了霸主地位，而俄罗斯却陷入国家重建的困境，政治、经济面临严峻的考验，可谓百业待兴、积贫积弱，失去了以往可与美国势均力敌的大国地位，并由此导致了世界政治格局的多极化，使可以平衡世界政治局势的力量主体增多，形成了多元化的国际社会秩序，和平与发展成为当今世界政治经济发展主流的态势。另外，国际竞争的本质已发展成为以科技和经济水平为基础的综合国力的较量，故发展高端技术、壮大经济实力成为各国发展战略的总体目标。

从世界经济发展的角度看，当时，各国间在经济领域的依存度不断加深，通过对外贸易、资本流通、相互投资、生产设备和技术的转移等方式加速了经济全球化的进程，从而导致了贸易自由化、生产国际化、金融国际化及科技全球化的扩散，在这种趋势影响下，世界各国及地区更加重视发挥各自资源与生产要素的优势，积极参与国际分工，寻求经济技术合作，以实现经济利益的最大化。所以经济全球化为俄罗斯经济转轨时期对外贸易发展带来了新的机遇及挑战，同时需要其制定出与经济转轨及世界经济形势变化相适应的对外贸易新战略。

从国内背景看，俄罗斯的国家政治体制发生了巨大变化，即国家性质的变化，体现为长期由苏联共产党领导的社会主义国家体制转为总统领导制和议会制度的确立。在经济领域开始废除原有的计划经济体制而转向市场经济，这就要求对对外贸易政策及战略进行重大的调整，由此俄罗斯在转轨的初期推行了激进式一步到位的贸易自由化战略，促使了开放型经济的形成，加速了经济市场化的发展，但同时也造成了其对外贸易规模的锐减、对外贸易商品结构的失衡及转型性经济危机的加重等不利影响。为此，俄罗斯为了扭转这种不利局面，不得不重新调整对外贸易战略，开始实施带有收缩性的有管理的贸易自由化战略，旨在增强政府的主导作用，在一定程度上发挥政府的调控功能，以减轻国外商品对国内市场的冲击，保护国内企业的生产积极性，利于吸引外资，增加国内市场的总需求量等。但这一战略实施后又出现了新的问题，即对外贸易规模大幅波动、对外贸易商品结构严重恶化及产业发展失衡等。

普京总统执政后，面对上述问题又进行了战略上的调整，实施了以比较优势为基础的多元化贸易战略，并取得了一定的成效。主要体现在，进出口贸易规模逐渐扩大，形成了以能源战略为主体的对外贸易战略，但弊端是，由于集中力量发展能源产业导致制造业等部门的发展受到影响，出现了产业结构严重失衡的问题，直接影响经济的长期发展。为此，"梅普组合"时期针对上述问题，又对原有贸易战略进行了较大的调整，推行创新型的现代化贸易战略，收到了较好的成效。所以，俄罗斯转轨时期对外贸易战略调整的背景是较为清晰的，并具有其自身的特征，可以说与领导人的更替有着直接的关系，是对前任执政时期遗留问题的纠正，调整具有较强的时间性及针对性。

对外贸易战略调整的动因虽然较为复杂，但归纳起来主要有以下三点：一是为适应经济形势变化的需要，也可以说为适应经济转轨的需要；二是为加入WTO创造条件，以减少贸易活动中的歧视待遇，扩大出口，从而加速推动俄罗斯经济的现代化进程；三是迎接和战胜面临的挑战，即经济全球化和加入WTO的双重挑战，风险资本的流入在一定程度上阻碍了其自主制度转轨目标的实现，国内资本的大量外流造成其自身资本的短缺，甚至导致金融危机的出现等。这些均是推动俄罗斯对外贸易战略调整的直接因素。

第三章 俄罗斯转轨时期对外贸易战略的演变轨迹及特点

第一节 对外贸易战略的演变轨迹

俄罗斯在经济转轨时期对外贸易战略的调整相对较快,一直在不断地充实和更换战略的内容,以使其对外贸易战略更具有现实性及效率性。具体的演变过程概括起来大体可划分为以下几个阶段:

一 一步到位及有管理的贸易自由化战略实施阶段(1991—1999年)

20世纪90年代初,苏联解体,俄罗斯获得独立,叶利钦成为新政府的当权者,并开始谋求新型经济体制的建立。当时,俄罗斯为了适应经济全球化的发展步伐及吸收大量的外资发展国内经济,新政府在总结过去经济发展经验与教训的基础上,创造性地提出了向市场经济转型的抉择,即迅速实施激进改革方针——"休克疗法",着手建立市场经济体制,在对外贸易管理体制改革上,选择了自由化的发展之路。当时国际上并存的市场经济体制不一,大致可划分为自由的美国模式与政府主导的日本模式,这两种模式突出的差异性表现在政府与市场在资源配置领域的不同搭配。但是,俄罗斯却转而通过"华盛顿共识"确定了以"小政府"为特点的"原教旨主义"市场经济,并在经济领域积极推行了带有"无政府"主义色彩的政策。这就使得政府从计划经济高度集中、绝对强权的极端转型到了另一个放任自由、完全退出经济干预的极端。这便是"休克疗法"的理论基础,该休克式转型最初体现在自由化、私有化以及宏观经济稳定化政策中,并且不同程度地影响着俄罗斯对外贸易领域。第一,根据调整后的整体方案实施对外贸易自由化战略,政府方面开始逐渐放权,原来的绝对垄断不复存在。第二,私有化进程逐渐渗透到外贸领域的国有大型贸易公司。第三,为了进一步贯彻贸易自由化理论,甚至采取了取消绝大多数进出口关税的措施。这些政策都彰显了一个事实,即俄罗斯是在几乎任何准备都没有的前提下,直接从高度垄断的贸易体制过渡到了完全自由化的贸易体制。"休克疗法"引导下的俄罗斯对外贸易自由化战略,倾向于由世界市场的供给和需求来决定本国对外贸易规模,而资源配置的合理化实现的原则便是世界各国获取对外贸易的比较利益。但是,俄罗斯在没有充分考虑本国的产业及相关企业的竞争力的前提下,瞬间完全开放国内市场,最终导致其完全脱离现实,无法实现最初设定的目标,使大量外国产品在国内市场完全开放以后蜂拥而至,造成俄罗斯国内厂商商品生产能力骤降,市场竞争优势丧失,一度使整个国家陷入了长期"转型性"的衰退。[1]

俄罗斯经济转型之初实行"休克疗法"的最大原因是将希望寄托于西方发达国家的信守承诺,使得俄罗斯"休克"后期的"治疗"阶段能得到帮助性的"输血",促使俄罗斯市场经济快速恢复。

---

[1] Xie, Z. Y., Zhang, X. L., "Analysis of Path Dependence in the Transformation of Resource–Based Cities", *Advanced Materials Research*, 2013 (869–870): 226–229.

但是在实行过程中，西方发达国家一度"口惠而实不至"、无限期拖延贷款承诺，使得俄罗斯非但没有实现市场经济的发展目标，而且还使自己陷入了经济困境。在1991—1994年的俄罗斯经济转型时期，因贸易经营权的脱手而造成的一系列经济失控现象，迫使政府不得不通过相关对外贸易政策来加以引导与干预，导致了政府在对外贸易管理上监管体制的回归，自此又进入了对外贸易战略的调整阶段，推行有管理的贸易自由化战略。

在俄罗斯有管理的贸易自由化战略时期，为了缓解转轨初期造成的负面影响，政府多次颁布法律和法规来规范俄罗斯的进出口贸易（见表3-1）。

表3-1　　俄罗斯对外贸易政策调整一览（1995—1999年）

时间	法律、法规及其所规范的内容
1995年	《进口关税正常化原则》：进口关税最低为5%，最高为30%
1995年3月6日	《关于开展对外贸易活动的基本原则》的总统令：取消出口许可证审批制度
1995年10月13日	《俄罗斯联邦国家调整对外贸易活动法》：国家对外贸活动提供优惠贷款、担保和保险
1995年以后	制定进口限额措施和部分商品的进口许可证制度
1996年	《关于畜产品进口和使用制度》：从1998年2月1日起，对60类商品实行从严审价的报关价格制度
1996年2月6日	《联邦发展外贸的纲领》：政府每年拿出相当于GDP 0.3%—0.35%的资金用于支持外贸发展
1996年7月1日起	完全取消了出口关税，对出口企业提供诸如信贷保证等形式的财政支持
1998年11月	开始采用非关税手段对国内工业进行保护，如出口实行许可证管理等

续表

时间	法律、法规及其所规范的内容
1998 年俄罗斯发生金融危机以后	对部分出口创汇商品征收临时出口关税；将出口企业的结售汇份额由 50% 提高至 70%
1999 年开始	对石油、粮食等出口重新征收出口税
1999 年 12 月 8 日	上调除关税同盟国之外的石油和从沥青矿物中提取的原油的出口关税税率，由每吨 7.5 欧元上调至每吨 15 欧元

资料来源：笔者根据相关资料整理。

俄罗斯这一时期对对外贸易的干预措施具体表现为：通过经济调控和行政管理措施对对外贸易领域进行干预，将对外贸易的地理方向扩展到东方国家，同时继续与西方发达国家保持合作，实行"双头鹰"战略，尤其是强调与东方国家的经贸合作。另外，发生于 1996 年的总统大选以及 1998 年的亚洲金融危机都在很大程度上导致了对外贸易政策的再次调整。虽然在 1996 年总统大选中叶利钦获得连任，但是国有战略资源"债转股"发挥了很大作用，直接导致七大金融寡头一度对俄罗斯政治、经济甚至是对外贸易都产生了重大影响。1998 年东南亚金融危机进一步冲击了俄罗斯市场经济，并使俄罗斯陷入了更加严峻的经济困境，受此影响，俄罗斯贸易自由化道路走得越发保守，对外贸易进入深度调整阶段。

二 以比较优势为基础的多元化贸易战略实施阶段（2000—2007 年）

2000 年开始，普京总统上台执政后，为了消除面临的以出口能源和原材料换取进口工业制成品的贸易不合理以及产业结构布局不合理等结构性的现象，积极总结了贸易自由化体制实施过程中盲目自由化的教训，主张实行循序渐进的贸易策略，把市场化改革与国家调控相结合，在比较优势理论的指导下，最大限度地发挥比较优势、培育竞争优势、重视贸易伙伴多元化。俄罗斯国内拥有的自然禀赋优势是其提升国家竞争力的关键所在。普京显然充分意识到了这一点，故在其当政期间积极掌控战略资源，制定与施行能源战略，凭借能源比较优势，并通过世界能源市场的高价位及欧盟对其能源供给的依赖性来实现"大国复兴"的战略目标。普京尤其重视俄罗斯在国际能源市场上的重要作用，不断利用其自身"石油大国"的优势来巩固并提升俄罗斯的强势地位，坚持依靠原材料的出口来带动经济的复苏与发展，其结果是在一定程度上保障了俄罗斯国家财政收入及企业的生产利润，较多地吸收了新型产业发展急需的资金和技术。所以，俄罗斯将这一时期对外贸易战略的方向调整为以"能源产品出口为导向"的出口战略，试图通过石油美元来带动俄罗斯 GDP 的增长。可以说，以比较优势为基础的对外贸易战略确实是立足于俄罗斯国内生产要素禀赋及经济发展水平，尤其是在战略实施过程中，创造性地借助世界经济发展及新兴市场经济国家崛起而引发的石油价格上涨趋势，取得了显著的经济效果。此外，普京政府还采取进口替代战略对俄罗斯经济、产业结构进行调整，为进一步融入世界经济体系而积极实现贸易伙伴的多元化。

以比较优势为基础的对外贸易战略又可细分为资源性出口导向战略、工业产品出口战略、市场多元化战略等多种不同层次。相对叶利钦时期的贸易自由化战略，普京时期推行的以比较优势为基础的对外贸易战略更加符合俄罗斯的实际国情，显得更加系统、全面而有效。2000—2007 年，俄罗斯在这一对外贸易战略推动下，不仅实现了经济形势的好转，而且其在世界经济中的地位也有了较大幅度的提升。

三 创新型现代化贸易战略的实施阶段（2008—2012 年）

2008 年 5 月梅德韦杰夫执政，普京当选为俄罗斯总理，在一定程度上使得普京时代的经济思想得到延续。与以往不同的是，2008

年爆发国际金融危机,梅德韦杰夫和普京面临着是否会再一次受到金融危机冲击,使国家经济遭到严重创伤的局面。当时,新政府一方面采取积极的对策应对金融危机,另一方面继续扩大对外贸易规模,解决国内经济结构及对外贸易商品结构的失衡等问题。金融危机爆发以后,俄罗斯国内生产总值再次达到新低,降幅高达9%,迫切需要建立新的经济发展战略。在特征鲜明的后危机时代,面对来自全球范围内的创新压力及世界经济复苏前景的不稳定性,俄罗斯深刻地认识到要想缓解"过分依赖石油"带来的经济脆弱性,就必须制定与俄罗斯国内经济发展相适应的创新型现代化贸易战略。梅德韦杰夫将俄罗斯在这一时期的贸易发展目标定位于"基于百姓高质量生活的同时确保自己在世界舞台的高威信"。并且进一步明确了平衡国内资源与创新的关系是全面提升俄罗斯经济在世界市场中的竞争力的关键所在,而俄罗斯创新型现代化及培育国家竞争优势战略的实施,能够在一定程度上对俄罗斯贸易环境造成影响,如重建国际分工、改变国际贸易与投资的地理方向、拓展与深化区域经济一体化进程等。简而言之,俄罗斯需要通过实施新的贸易战略来实现比较优势向竞争优势的转化。于是,2008年金融危机爆发以后,俄罗斯全面采取创新型现代化贸易战略,其主旨在于提升俄罗斯在国际分工中的地位及世界经济市场的竞争力,实现国家现代化建设等战略目标。

第二节　对外贸易战略的主要特点

一　对外贸易战略的调整与领导权的更替有着直接的关联

纵观俄罗斯转轨时期对外贸易战略的调整过程,很容易看出与国家领导人的更换有着明显的关联。在转轨时期，俄罗斯经历了三届国家最高领导人的更替，这一时期对外贸易战略也随之进行了三次较大的调整，这些绝不是偶然，它说明俄罗斯在转轨时期经济政策的不稳定性及不成熟性，或者说经济政策自身存在某些局限性，所以需要不断调整和补充，在一种新的探索中寻求经济复苏与发展之路。如苏联解体后，叶利钦上台执政，即对政治经济体制进行了大刀阔斧的改革，选择了西方的议会制及市场经济的发展道路，在对外贸易战略方面也是选择与其相适应的贸易自由化战略，以适应市场型经济发展的需要。叶利钦作为俄罗斯国内推行市场经济的开拓者，必然缺乏经验与参照，走些弯路也是难免的，普京上台后理所当然要对其贸易战略进行修订与完善，构建新的贸易发展战略——以比较优势为基础的多元化贸易战略，旨在更加充分发挥其能源产品出口对经济发展的作用，从而实现国家综合实力的全面恢复及其在世界经济中地位与影响力提升的目标。梅德韦杰夫接替普京当选总统执政后，在一定程度上延续和继承了普京时期的经济发展理念及其相关政策，但由于国内国际形势出现的新变化，还是对对外贸易战略进行了较大的调整，推行了创新型的现代化贸易战略，以进一步增强战略的适应性，提升国家在世界市场中的竞争力以及国际分工中的地位。

二 对外贸易战略的调整始终未偏离贸易自由化的大方向

众所周知，僵化的保护主义和国家对贸易的垄断是苏联对外贸易战略的弊端，除此之外，还涉及对国内价格的严格限定、高估的卢布价值、对商品和资本自由出入的严格监管等。苏联解体后，俄罗斯开始从以往的僵化保护贸易战略转向贸易自由化战略。即使在最初盲目实施较为激进的全面开放的贸易自由化政策时，仍然制定了较为详细的对外贸易战略。1995 年，俄罗斯颁布《对外贸易活动国家调节法》，开始强调国家对贸易的调控及监管。这在很大程度上进一步明确了俄罗斯对外贸易战略的发展方向，即全面打造出公正、自由、平等、竞争的贸易环境。随着经济的发展和对外贸易形势的变化，俄罗斯更加积极推动国内对外贸易制度同经济全球化及WTO制度规定最大程度上的一致性，以实现与国际的接轨，并在加入WTO后，不断降低关税，增加对外贸易制度的透明度和可预见性，简化海关通关手续，不断完善贸易救济程序等。从中可以看出，俄罗斯所推行的对外贸易战略一直是围绕贸易自由化这个中心而展开的。

三 始终把对外贸易管理制度和法规的调整与完善作为主要目标

俄罗斯经过对经济发展政策的不断调整，随之对外贸易管理制度及相关法规建设也更趋完善。其调整的主要内容表现在以下几个方面：

首先，不断降低关税标准。为适应WTO关税减让的规定，俄罗斯从1995年开始就不断降低关税税率，并发布了《2008—2010年海关政策基本方针》，对俄罗斯的主要进口商品采取关税削减政策，并规定了削减幅度。到2010年，平均进口关税下降至11.5%。

其次，改革税种。俄罗斯对外关税涉及11170种征税商品。这些征税商品中，遵循从价税的有9208种、遵循从量税的有216种、遵循复合税的有1746种。除部分配额外的肉制品、糖类、酒精制品、废旧商品之外，将从价税的税率保持在1%—30%。并且，俄罗斯还将改革之前7个档次的税种缩减为5个档次，依次为1%、5%、10%、15%、20%。仅对苹果、巧克力、啤酒和烈性酒征收从量税。根据从价税和从量税来表现复合税，征收食品、化学品、金属等产品的复合税。

再次，调整海关估价规则和程序。2006年8月，俄罗斯公布《关于非法进入俄罗斯联邦关境的运入商品的海关价值的估价办法》《关于因事故或不可抗力造成损坏的运入商品海关价值的估价办法》《关于运出俄罗斯联邦关境商品的海关价值的估价办法》等政府令，规定了海关机构对相关产品进行海关估价时的规则和程序。此后，签发《海关价值申报单样式及其填报规定》和《海关价值及海关付费更正程序单样式与海关价值更正条例》，详细规定了俄罗斯海关采用国际通行标准进行通关手续办理，使用新的商品海关价值申报单。此外还规定，只能以卢布支付海关费用。

最后，部分数量限制被取消。2001年俄罗斯废除1999年颁布的关于进口酒精的临时禁止规定，2006年废除在俄罗斯出售蒸馏酒精不得超过酒精销售额10%的进口原则。但出于保护国内相关企业发展的目的，俄罗斯在家禽、牛肉、猪肉及相关产品方面仍实行适度的保护政策。其中，在2010年颁布的"有关2011年牛肉、猪肉及家禽出口"的政府令中就明确规定了相关的保护措施，但这些产品符合WTO规定的关税配额及非自动许可证制度。

本章小结

本章系统地总结了俄罗斯在经济转轨时期对外贸易战略的演变过程，即分别对贸易自由化战略、以比较优势为基础的多元化对外贸易战略及创新型现代化对外贸易战略进行了说明。然后，在此基础上对俄罗斯对外贸易战略的特点进行了归纳。

20世纪90年代初，俄罗斯为与经济改革——"休克疗法"总体方案相对应，实行了贸易自由化战略。这一战略主要是通过确立贸易自由化制度和放松对进口贸易的管制等措施来实现的。此间在具体实施过程中出现了一些事先未曾预料到的问题，不得不对贸易自由化战略进行修正，改为有管理的贸易自由化战略，对完全放开的贸易自由化政策有所收紧，即在继续坚持贸易自由化的同时，强化了政府的调控及监管的职能。所以，在叶利钦执政的八年中，其对外贸易战略可细分为两个阶段，即1991—1994年的贸易体制一步到位的自由化战略阶段和1995—1999年的有管理的贸易自由化战略阶段。实际上，这两个阶段的对外贸易战略在本质上并没有太大的区别，仅是前一阶段的贸易自由化战略有些脱离俄罗斯国内发展的实际及对国外经济形势变化的估计不足，故出现了一些失控，后一阶段则是在保持贸易自由化战略的基础上实行了有针对性的调控与监管，以维持对外贸易发展的稳定性。

普京执政后，对之前的对外贸易战略又进行了较大的调整，实施的是"市场化改革和国家调控相结合"的、以比较优势为基础的多元化贸易战略。普京着眼于国内自身条件，并结合国外的具体实际情况，考虑到俄罗斯所具有的最稳定的"比较优势"无疑是自然资源的禀赋，石油、天然气等自然资源是国际市场上急需、抢手的商品，充分利用和发挥这一优势对其经济的恢复与发展十分有利。也正因如此，普京总统采取了以比较优势为基础的多元化贸易战略，并取得了较为明显的效果。因此，这一时期也被称为以能源产品出口导向为主的多元化贸易战略时期。

梅德韦杰夫接替普京执政后，推行的对外贸易战略在一定程度上延续了普京时期的经济发展思维。但随着国内国外经济形势的发展变化，其逐渐开始认识到要想缓解"过分依赖石油"带来的经济脆弱性，就必须在原有对外贸易战略的基础上进行再修订，使其更加完善及更具现实性，为此提出了创新型现代化贸易战略，即一方面保持对外贸易中资源型产业的重要地位，另一方面积极创新，增加出口份额中高科技产品的比重，使高科技产品的出口也成为俄罗斯的比较优势，而这种优势的培育与挖掘更具有前景和生命力。这在某种程度上是对普京推行的以比较优势为基础的多元化贸易战略的充实与发展。

所以，纵观俄罗斯对外贸易战略的调整，我们注意到，政策的具体内容调整得较为频繁，而区别较大的调整均与国家最高领导人的更替有着密切的关联。但战略调整的基本目标没有发生太大的变化，即始终不偏离推行贸易自由化的主线，主要是对贸易管理体制及法规等方面的调整与完善、对进出口产品结构的升级等。所以，俄罗斯转轨时期对外贸易战略的演变轨迹及其特点是其国内外经济政策调整的缩影，也是其选定市场经济体后在新旧体制交替中表现出对新事物的探求及急于寻找成功之路的真实写照。

第四章　俄罗斯转轨时期对外贸易战略调整的内容及保障措施

俄罗斯在不同的经济发展阶段，根据国内外经济形势变化的需要，其对外贸易战略的调整有着不同的侧重选择，并根据需要采取了相应的保护措施。苏联解体以后，随着经济体制改革的推进，俄罗斯在对外贸易战略调整上下了较大的功夫，非常清楚地认识到因解体造成的原有对外经济关系已终止、苏联相对封闭的经济模式等严重制约着对外贸易的发展。因此，俄罗斯按照市场经济发展的要求，试图通过对外贸易战略的调整和实施强有力的保障措施将发展模式推向自由化，以此来改变自我封闭的状态，主动融入世界经济一体化的进程，从国际分工中获取更多的经济利益。

第一节　叶利钦执政时期对外贸易战略调整的主要内容及保障措施

一　对外贸易战略调整的主要内容

叶利钦执政时期对贸易战略调整大体可分为两个阶段，即推行贸易体制一步到位的贸易自由化战略阶段和实行有管理的贸易自由化战略阶段。在这两个阶段对外贸易战略调整的主要内容如下。

(一）一步到位的贸易自由化战略

俄罗斯转型最初时期，即从1991年年底起叶利钦总统为了与经济改革"休克疗法"方案相对应，在对外贸易体制改革中推行了完全自由化的贸易政策。1991—1994年，俄罗斯这种激进、跨越式的对外贸易体制的转型是其对外贸易战略调整的核心内容，以实现贸易体制一步到位贸易自由化战略，也称对外贸易的全面贸易自由化战略。

俄罗斯实行自由化的贸易战略的初始目标是根据贸易自由化的理论而定的，确立贸易自由化体制，适度放宽对于进出口贸易的限制，实现向全球经济一体化的迈进，将对外贸易伙伴拓展至西方发达国家。在这种思想的指导下，对外贸易战略的调整主要涉及体制的确立及相关政策的制定两个方面。1991年11月15日由时任俄罗斯总统叶利钦签署的《关于俄罗斯境内对外经济活动自由化法令》正式颁布，正式废除苏联的对外贸易垄断体制，积极推进对外贸易的自由化改革。1991年12月，俄罗斯联邦总统发布了90号及91号总统令，规定从1992年1月1日起，俄罗斯境内所有企业不仅可以开展边境贸易，还能直接同西方国家进行贸易，并且能够采用任何现行的贸易方式。自此，俄罗斯在国家"休克疗法"战略的影响下，于1991—1994年实行了全面的对外贸易自由化战略。

该战略废除了国家垄断贸易体制，取消国家对对外贸易发展的一些干预性及指导性计划，同时承认了在俄罗斯境内注册过的国外企业在本国对外贸易活动中的地位和作用，允许国内企业按照市场供求状况自行调整产品生产及销售规模，同时对进出口商品的管制品种通过关税措施和相关非关税措施进行了较大的调整，基本上处于放开的状态。另外，对进出口商品按照不同的种类实行差别关税待遇，完善并明确了对外贸易过程中实行保护政策的商品领域、范围，进一步确立了本国商品的出口政策。

俄罗斯在对外贸易自由化战略的实施过程中，不同时期的对外贸易政策具有不同的特征。比如，1992年俄罗斯对外贸易政策的重心是在"休克疗法"指导下进行的以对外经济活动自由化为特征的贸易自由化政策，贸易对象为西方发达市场经济国家。但进入1993年后，对外贸易政策有了一定的调整，政府开始进行不同程度的干预，主要是通过经济调控和行政管理来控制对外贸易发展走势，以促使对外贸易活动更加适应国际市场的要求。1993年4月30日出台的《俄罗斯联邦外交政策构想》更是将对外贸易的地理方向转换为"兼顾东方又兼顾西方的全方位外交战略"，逐步重视与东方国家的经贸合作。[①]

(二) 有管理的贸易自由化战略

1995—1999年是叶利钦执政时期有管理的贸易自由化战略阶段。作为俄罗斯"休克疗法"的有机组成部分，对外贸易自由化方针就是全方位地对外开放本国封闭已久的自给自足的经济体系。但是俄罗斯在实施对外贸易自由化方针时没有从实际国情出发，这种游离于国情之外的对外贸易体制使其国民经济陷入"出口能源和基本材料、换汇食品和消费品"的低级循环，进一步加重了国内经济结构畸形发展及工业技术水平低、产品成本高且缺乏竞争力等弊端。为了消除对外贸易自由化给俄罗斯造成的负面影响，政府重新重视国家调节在对外贸易体制改革中的作用，并采取了一些针对措施。到1995年，俄罗斯政府正式颁布了《国家调节对外贸易活动法》，该法的通过标志着俄罗斯贸易完全自由化体制的结束，

---

① 《俄罗斯新"外交政策构想"出台》，http://news.sohu.com/20130221/n366676840.shtml。

开始进入国家宏观调控体制改革阶段，并正式强调发挥政府的监控职能。在这一时期，凯恩斯主义①经济思想开始被运用到俄罗斯对外贸易战略中来，以缓解经济转轨初期贸易自由化战略给俄罗斯经济发展带来的影响。俄罗斯政府借鉴凯恩斯主义经济思想对本国对外贸易进行干预管理，主要是通过一系列相关政策的实施加以引导及约束，用法治的手段来规范贸易行为，以消除全面的贸易自由化战略产生的弊端。

1995—1999 年，俄罗斯实行有管理的贸易自由化战略，主要是以保护并恢复国内工业为目标，属于以进口替代为主的贸易战略。具体内容为：在出口方面放宽出口管制，进口方面为了保护国内市场和国内生产者的利益，对国内食品和轻纺等幼稚工业运用进口关税和非关税措施进行保护。与全面的贸易自由化战略不同的是，这一时期俄罗斯对对外贸易进行干预，在对外贸易战略中加强了政府的宏观调控力度，逐渐通过法律法规、行政指导及经济刺激等手段，对进出口贸易进行调节，1995 年颁布的《关于开展对外贸易活动的基本原则》就是代表之一，其针对以往规定的只有"拥有专业出口公司"方能对"关系国计民生的重要原料商品"进行经营的出口许可证审批制度予以撤销。②

在对外贸易地理方向上，俄罗斯逐渐重视与东方国家开展对外贸易合作，并通过制定一系列战略和方针，实现并促进与独联体国家、亚太地区国家的经贸往来。如叶利钦总统于 1995 年 9 月签署的《俄罗斯联邦对独联体国家的战略方针》就明确指出了俄罗斯与独

---

① 凯恩斯主义，是以凯恩斯的著作《就业、利息和货币通论》（1936）的思想为基础的经济理论，主张国家采用扩张性的经济政策，通过增加需求促进经济增长。凯恩斯主义认为，宏观的经济趋向会制约个人的特定行为。

② Simeone, J., "Timber Export Taxes and Trade between Russia and China: Development of the Forestry Sector in the Russian Far East", *Forestry Chronicle*, 2012 (5): 585 – 592.

联体国家在经济方面的友好经贸关系。此后,在国别政策的基础上,俄罗斯先后签署了《独联体国家经济联盟条约》《关于建立新型卢布区实际措施的协定》《关于建立自由贸易区的协议》等文件①,进一步加强与独联体国家之间的经济合作,并给予独联体国家关税和立法等方面的最惠国待遇,从而促进了两者之间商品和生产要素的自由流动。另外,新亚太政策的实施是俄罗斯考虑到其在世界经济中的地位以及俄罗斯深入发展东部地区需要的结果,这就使得亚太地区正式成为俄罗斯对外贸易地理方向上的一部分。

二 保障措施

(一)一步到位的贸易自由化阶段实施的保障措施

此阶段实施的保障措施,概括起来主要有以下几点。

1. 对关税制度加以改革与规范

俄罗斯转轨以来非常重视改革传统体制下的进出口管理,进而彻底解决苏联遗留的关税制度单一、进出口关税不分档次和关税不能充分发挥对对外贸易的调节作用等缺陷。俄罗斯依据征税对象的不同分为进口关税和出口关税,并通过调整进口和出口关税的税率标准、关税的征收方式等措施实现对外贸易自由化战略。

(1)改革进口关税。

在实行价格和外贸自由化初期,俄罗斯鉴于转轨初期国内市场商品短缺、生活必需品供应不足的情况,在1992年中期之前没有设置基本的进口关税,致使大量外国商品蜂拥到国内市场,导致国内消费品进口急剧增加,对国内工业造成了巨大的冲击,并导致了企业生产能力的下降。为保护本国工业及缓解国家预算赤字,俄罗斯通过变动税率来限制外国商品的进口,但收效甚微。俄罗斯于1992

---

① 《俄白经济一体化评析》,http://www.docin.com/p-660745434.html。

年 7 月 1 日开始实施新的关税征收规定，其中对 14 类商品开始临时征收 15% 的关税，对过去部分免税商品适度征收。此后又于 1992 年 9 月 1 日再次重新调整这 14 种商品的临时关税，以平衡国内生产和消费结构。关税制度的具体变化表现为：将这 14 种产品划分为三个层面分别征收不同的关税。针对同俄罗斯签订最惠国待遇的 119 个国家及欧共体和欧洲原子能委员会实行税率为 15%—50% 的基本关税，对没有与俄罗斯签订最惠国待遇协定的国家实行税率为 30%—100% 的高关税，对包括中国在内的发展中国家征收税率为 7.5%—25% 的低关税。同时，被免征进口关税的还有被国际承认的 47 个最不发达的国家。此外，还规定自 1992 年 8 月 15 日起，针对包括粮食、药物、医疗器械、儿童服装等在内的 45 种商品免征进口税。

自 1993 年 2 月 1 日起开始对大部分进口商品征收增值税，对某些特定商品征收消费税。增值税的税率统一规定为货值的 20%，对于那些免征进口税的商品如食品、药品及儿童用品等同时免征增值税。消费税的征收范围包括酒类、香烟、地毯等 6 类 37 种商品，消费税率规定为 10%—90%。总的来说，增值税的开征有利于抑制俄罗斯进口猛增的势头。[①] 1993 年 4 月 1 日俄罗斯开始针对国际市场上通用的协调税目所规定的 94 类商品实行新的统一进口税率。新的税率制度包括：首先是针对基本税率减半征收的优惠税率，适用于包括中国在内的 104 个同俄罗斯签订双边贸易协定的国家。其次是基础税率，适用于 125 个同俄罗斯签署最惠国待遇协定的国家。这些国家不同的商品种类对应着不同的进口基础税率，如普通商品的

---

① Zhang, J., Tang, D., Zhan, Y., "Foreign Value–Added in China's Manufactured Exports: Implications for China's Trade Imbalance", *China & World Economy*, 2012, 20 (1): 27–48.

基础税率多数在 5%—15%，最高为 150%，1993 年 8 月又把最高税率降为 100%。再次是为基础税率两倍的普通税率，主要针对未与俄罗斯签订最惠国待遇协定的国家。最后是免征不发达国家的商品进口税。另外，1993 年 8 月 1 日起施行新的海关税法，它标志着俄罗斯海关制度已经开始与国际通行的方法接轨。

1994 年 3 月 15 日以后，俄罗斯为了保护国内同类商品在市场上的地位、缓解外国商品的大量涌入对国内民族工业造成的冲击，开始大幅度提升进口商品的关税税率。首先，自 1995 年起将进口关税税率由原来的 12.5%—14% 调整为 14%—15.5%。其次，将包括儿童食品等在内的部分商品的进口关税税率由原来的 6%—15% 提升到 23%—25%，分别将原糖、白糖的进口税率由原来的 1%、25% 提升到 5%、30%。再次，整顿普惠制，将原来享受普惠制国家的进口关税由 50% 降低到 25%。最后，实行混合关税制度，为避免部分商人通过降低进口商品的实际价值来逃避关税，自 1998 年 1 月 1 日起将输入俄罗斯商品的普通海关税率更换为混合税率。1994 年 7 月利用提高进口关税和扩大应税商品范围的手段来加强对国内商品的保护。可以说，关税制度在俄罗斯实行对外贸易自由化战略期间并不是特别完善。进口税主要是通过从价税征收的，且平均税率水平较低。在这一时期，俄罗斯采取的进口关税政策基于无差别的较低水平关税待遇，尤其是差别待遇的实施，充分体现了其总体贸易战略是在有监管的基础上进行适度调整与变动的。

（2）改革出口关税。

自 1991 年年底至 1992 年上半年，为充分落实贸易自由化方针，俄罗斯放宽了对出口的一些限制，转型初期只针对主要的原材料出口征收关税，而对大多数机械类产品则实行无关税制度，对原材料的关税限制仅处于较低的水平上。所以，俄罗斯国内大量从未从事过对外经贸活动的企业开始争相走向外部市场，为了获取经济利益彼此之间不得不展开最低层次的恶性价格竞争，使得俄罗斯进出口交易条件持续恶化。同时，由于俄罗斯出口商更多的是追求通过各种手段获得外汇，往往不考虑交易活动应交付的实际成本及国际市场的价格情况，严重破坏了市场上的合同价格与国际价格均等性原则，这不仅造成外汇收入的大量流失，还导致很多商品国际价格水平下降，在很大程度上损害了俄罗斯在国际市场上的威信。俄罗斯政府迫于这种情况不得不加强国家对商品出口的管理。

1992年1月，俄罗斯对国内60多个大宗商品征收出口关税，试图通过该措施减小这些商品国内价格与世界市场价格的差异，并对出口商品实行数量限制，以保证重要原材料的国内价格低于世界市场价格及国内市场的供给充足。自1992年下半年开始，对专营战略性原材料商品的出口实行国家管制，对70%的商品出口税率进行上调。同年11月，为了使出口更加适应贸易自由化政策的要求，俄罗斯开始实行新的出口关税税则，大幅度降低出口商品的税率，缩减应税商品的种类。将商品出口的税率由原来的5%—70%下调到3%—25%。

1992—1993年，俄罗斯将应税商品的种类由原本的52个大类缩减到29个大类，特别是针对机电产品实行减征、免征基础税制度。其中，上调了石油、锌、镍矿石等少数原材料性商品的出口税率，而针对其他大部分商品，尤其是对工业制成品则大幅度降低其出口税率政策。此外，还免征煤炭、建筑材料、大部分黑色金属及其制成品的出口关税，同时对畜产品及其加工品等免征出口关税。

2. 对非关税体制的调整

（1）加强进口贸易管理。

俄罗斯依据《关于俄罗斯境内对外经济活动自由化法令》，自 1992 年起缩减实行许可证进出口的商品种类。为体现对外贸易的自由化，逐步减少对进口实施的非关税措施。如 1992 年颁布的《1992 年在俄罗斯境内对进出口商品发放许可证和配额的规定》中，明文规定了取消大部分商品的数量限制并压缩许可证和配额。[①] 具体表现为：经总统和政府许可进口的商品和特殊商品需要许可证。前者包括军事装备、原子材料、贵金属和钻石、麻醉药、毒药等；后者包括药品和医疗设备、植物保护剂和工业废料等。1992 年 7 月 31 日俄罗斯政府规定，于当年 8 月 1 日起废除包括肥皂粉、碳酸、合成橡胶、印刷用纸、氨和甲醛等在内的 7 种商品的配额和许可证限制。同时，进一步消除在对外贸易中的垄断地位，减少实施进口管制的商品数量。1992 年，针对食品、药物、投资商品及工业原材料等国内进口商品，俄罗斯采取由国家统一进口的方式，对这些约占进口 47% 的商品实行管制。之后，管制商品大幅度削减，到 1994 年，统一进口管制的商品的比重已降至 10% 以下，同时政府还逐渐取消了对进口商品的价格补贴制度。

（2）加强出口贸易管理。

主要采取对出口商品实行配额制、出口许可证及出口合同统计制等措施进行管理。自 1992 年实行对外贸易自由化战略以来，为了进一步适应对外贸易自由化体制的需要，俄罗斯逐步减少了对出口商品的管制，逐步取消了对一些战略性商品的数量限制并打破了垄

---

① 《俄罗斯进出口贸易出口许可证的配额制度管理》，http：//www.china-customs.com/customs/data/2005/6352.htm。

断经营模式。如 1992 年，俄罗斯对占出口总额 70% 的燃料、黑色及有色金属和初级化工产品等 23 类商品的出口施行数量限制及出口配额制度。当年 7 月，俄罗斯为了避免国内出口商之间的恶性竞争和外汇的非法流失，由"对外经济关系部"正式公布包括原油、天然气、电力、煤炭、石油产品等在内的 13 类商品均为"战略性重要商品"，不允许一般部门经营，统一由国家指定的特别出口部门以垄断的方式进行经营，从而导致此类商品的出口数量开始减少，严重影响了整体对外贸易的增长，在这种情况下，俄罗斯不得不再次调整对外贸易政策，从 1993 年 11 月起正式取消了煤炭、黑色金属和木材等产品的管制，废除了特许专营制，放宽了经营范围。到了 1994 年中旬，俄罗斯仅对军火和军民两用产品继续实行出口许可证制度，并对石油、天然气、石油制品、化肥等 15 类商品采取了合同登记制。① 对石油及其产品的出口也于 1994 年 12 月 31 日正式取消了配额和发放许可证制度。

（3）完善外汇管理体制。

为了进一步完善外汇管理体制，俄罗斯加大了此方面的改革力度，从 20 世纪 90 年代初开始，俄罗斯在经济体制改革中逐步加大了国家对企业外汇收入的管制力度，使企业的自主权受到了一定程度的影响。当时对国内企业出口商品换取的外汇规定条框较多，即出口企业创汇后，需依据对外汇的管理要求，先把外汇收入的 40% 卖给外汇银行，剩余的部分还要按规定的比例换成外汇提成基金，然后再把一部分留作联邦外汇准备金及地方外汇准备金。这样一来，出口企业自己留有的外汇大幅度减少，可支配的外汇寥寥无几，从而导致企业外汇严重短缺，难以维持正常的进出口业务活动。

---

① 《俄罗斯对外贸易改革及其影响》，http://www.docin.com/p-654605917.html。

为了扭转这种被动的局面，俄罗斯联邦政府不得不调整了对外贸易政策，颁布了《关于俄罗斯境内对外经济活动自由化法令》，其中包括"建议俄罗斯联邦中央银行采取措施，全力发展外汇市场，包括银行间市场，全力扩大交易网"，同时"取消对公民和俄罗斯联邦境内登记的法人通过授权银行参加外汇业务的限制"。待到外汇市场完全形成以后，经由商业银行、其他法人和公民根据拍卖行、交易所、银行市场及外汇买卖业务中的供求关系来重新形成卢布对外币的比价，并且实现商业点、交换点买卖先后比价的最高差价，公民购买外汇及将外汇带出国外的最高限额由俄罗斯联邦中央银行规定。

此外，为了更快地建立规范的外汇市场，俄罗斯适当减少了与贸易有关的货币兑换交易成本，废除了国家对外汇的垄断持有与分配制度，实行统一汇率，取消了多重汇率的政策，以充分保证贸易自由化战略的实施。如1992年3月颁布了《俄罗斯联邦经济政策备忘录》，重新做出具体规定，即在1992年4月20日之前，实现由多种汇率制过渡到双重汇率制。此后，随着俄罗斯经济发展的稳定和外汇储备的充足又过渡到实行统一固定汇率制。同时，授权外汇银行可以拍卖外汇，实现了俄罗斯外汇的自由买卖，在外汇交易所，俄罗斯进口商可以进行自由购买，这种措施在一定程度上对俄罗斯外汇市场的形成起到了推动作用。外汇制度中的这一变化相对于过去严格的外汇管制而言是一种巨大的进步。这时俄罗斯卢布的市场汇率通过商业银行、法人及公民在外汇交易所成交的平均加权价格由中央银行确定。俄罗斯正式开始实行经常项目下的统一浮动汇率制是在1992年7月1日之后，该汇率制度的实施实现了俄罗斯卢布在国内的可兑换。但是俄罗斯实现卢布兑换外汇的自由化并非易事，因为国内存在的经济衰退和外汇储备枯竭等问题，导致俄罗斯卢布兑换美元的汇率大幅度下降。自1992年到1994年年末，俄罗斯外汇汇率由1美元兑换125卢布下跌到1美元兑换3550卢布。

到1994年，新的外汇管理制度要求俄罗斯出口合同必须在相关经贸部门进行登记，这种做法在一定程度上加强了对出口外汇的管理。

（二）有管理的贸易自由化阶段实施的保障措施

1. 构建与完善对外贸易法规

俄罗斯在有管理的贸易自由化战略时期，为了缓解转轨初期造成的不良后果，先后颁布了法令和法规来规范俄罗斯的进出口贸易。

俄罗斯在法律法规建设方面，重点加强了外贸的法制建设以及国家对对外贸易的管理。俄罗斯于1995年10月13日制定并通过的《俄罗斯联邦国家调整对外贸易活动法》中明确规定：政府除对参与外贸活动的企业提供必要的优惠贷款外，还将在担保和保险等方面给予积极的支持。另外，俄罗斯在1996年2月6日颁布的《联邦发展外贸的纲领》中规定：联邦政府每年的预算中应留出相当于GDP 0.3%—0.35%的专项资金用于支持对外贸易事业的发展。与此同时，为了进一步调动企业参与对外贸易经营的积极性，还通过各种方式及渠道来加大对外贸企业的扶持资金的支持力度，以减轻外贸企业的资金负担，取得了较好的效果。

2. 改革和完善关税制度

在关税策略方面，俄罗斯针对进出口商品的不同种类分别制定了不同的关税税率。

（1）改革进口关税。

俄罗斯在征收进出口商品关税上，基本上是按国际贸易的通行做法进行的。概括起来主要有以下几点：一方面，对那些对俄罗斯提供最惠国待遇的国家和地区实行相对较低的进口税税率制。另一方面，针对那些不为俄罗斯提供最惠国待遇的国家和地区实行对等政策，即同样不能享受最惠国待遇，故征收的关税税率也较高。此外，为了对相关产品实行适度的保护政策，自 1996 年开始，俄罗斯开始逐步采取减让关税措施，缩小纳税商品范围，重新制定了关税税率，比如采取较高的关税水平保护国内的幼稚工业等。具体表现在：俄罗斯对国内主要依靠进口的食品和轻纺工业等幼稚工业进行监管保护。在具体措施上，为保证轻纺工业发展所需原材料的供应而降低棉花和其他纤维产品的进口关税，同时把食品和轻纺等工业领域的平均进口税率提高至 13% 左右，并对国内市场和生产者的利益进行保护。俄罗斯于 1995 年制定并颁布了《进口关税正常化原则》的法规，其中将某些进口商品的最高税率定为 30%，最低进口关税规定为 5%，形成了较大的反差。

（2）改革出口关税。

在出口关税上，1994 年俄罗斯再次缩减商品出口税。并决定此后商品出口关税将受数量限制和时间限制，规定只针对少数商品如矿产原料、燃料、黑色和有色金属等征收出口关税，出口关税征收截止日期为 1996 年 1 月 1 日，但实际上，俄罗斯直到 1996 年 7 月 1 日才正式完全取消上述产品的出口关税。在这一时期，俄罗斯采取出口贸易自由化的措施，降低出口关税税率，缩小征收商品出口税的范围。到 1996 年 7 月，俄罗斯对出口商品全面取消征收关税，不仅如此，还对出口企业提供诸如信贷保证等支持，这就意味着俄罗斯促进经济发展中对出口贸易的高度重视，对其依赖性及作用的期盼值增大。俄罗斯在调节对外贸易战略上采用较为灵活的关税措施，1998 年东南亚金融危机爆发以后，俄罗斯为了解决因金融危机而对国内经济形势造成的严重破坏及由此导致预算收入下降等问题，在政府的监控下又重新对某些商品开征出口关税。

1998年12月30日，俄罗斯政府正式决定自1999年1月1日起，到当年3月31日止，向非独联体国家出口的燃用重油临时征收一定的从量关税，征收标准为每吨10欧元。另外，俄罗斯政府于1999年1月11日正式对包括煤炭、石油和石油制品（原油除外）、天然气、铜和铜制品、镍和镍制品等在内的商品征收6个月的临时出口关税，将出口关税税率设定为5%。后于1999年1月23日，全面征收原油和原油制品的出口关税，将出口关税税率定为每吨2.5欧元。1999年12月8日，将原油及其制品的关税税率由每吨7.5欧元（除关税同盟国之外的石油以及自沥青矿物中提取的原油的出口关税税率）上调到每吨15欧元。此外，还提高了部分矿产品的出口关税税率，如将原税率为5%的盐、硫酸、石膏、天然石墨等商品的出口关税税率上调到6.5%，将原税率为5%的锻轧锌、锌合金的出口关税税率上调到10%，等等。

3. 调整非关税体制

在调整非关税体制方面，俄罗斯主要采取的措施包括进口贸易管理措施和出口贸易管理措施两项内容，并通过这些内容上的调整，来保证俄罗斯对国内幼稚工业的保护。

（1）进口贸易管理措施。

为进一步加强对进口商品的管理与保护，俄罗斯专门成立了相关机构，采取了进口许可证、进口配额和技术性贸易壁垒等措施。比如，成立于1995年4月旨在监督国内进口的"对外贸易与关税政策保护措施委员会"，在控制大量外国商品进入俄罗斯市场而对国内生产造成冲击的影响方面发挥了较大作用。此外，该机构还具有依据俄罗斯市场变化情况而做出配额限制或者征收反倾销税等职能，以保护国内市场。同时，俄罗斯为了抵御国外进口商品的大量涌入可能会对国内市场造成冲击,从政府的角度增强了对计算机设备、轻纺产品、食品等众多进口商品的监管。比如,将限额管制应用到进口食品和进口自欧盟的地毯等商品上;将许可证制度管理适用于酒类、烟草和制成品,以及从独联体以外国家进口的彩电等商品;在价格监管方面,规定自 1998 年 2 月 1 日开始,将从严审价制度应用于进口到俄罗斯的 60 类商品的报关价。[①] 要求进口的商品必须具备俄文说明以及防伪标记等。采用严格的卫生检疫标准检验进口食品;无俄文标签的进口食品,从 1997 年 5 月起全国禁止在市场销售;1999 年 7 月 1 日起,规定无俄文说明的非食品类进口商品也被列入禁销商品之列。这充分显示了其对进口的商品的审查和监管更加严格,对产品质量标准的要求更高。此外,对于无防伪标识以及统计信息条的产品,无国家注册的化学生物制剂、放射性物质、生产肥料等商品也禁止在市场上销售。同时规定工业、农业和民用建筑等用途的进口产品必须具备卫生防疫鉴定等。俄罗斯加强对进口商品的管制,较好地保护了国内同类产品生产企业及消费者的利益,有效降低了对国内商品市场的冲击。

(2) 出口贸易管理措施。

在出口贸易上,俄罗斯减少对出口贸易设立的非关税壁垒,逐渐放宽对出口产品的管制。如 1994 年 5 月 23 日发布总统令,规定自 1994 年 7 月 1 日起,正式取消除依据国际义务、"特别出口商"制度和出口合同登记制度出口的商品之外的所有商品和劳务出口的限额及许可证制度。而战略性原料产品的"特别出口商"制度则于 1995 年 3 月被正式取消。为了鼓励出口,在财政和金融政策上给予

---

① Yang, Y., Chen, Q., "A Multi–Objective Optimization Approach to Improve the Customs Clearance Process for Imported Goods", 2010 2nd International Conference on Industrial and Information Systems, 2010: 163–166.

支持和许多优惠待遇。俄罗斯对外经济贸易部正式于1993年1月提出，免除国内出口产品的生产企业的增值税和消费税，同时自1996年7月1日起对国内出口企业给予必要的财政支持，比如帮助出口机电产品的企业向银行提供信贷保证。在1998年金融危机以后，俄罗斯为了缓解国内市场上某些商品严重短缺及资金匮乏问题，开始重新加强出口管理中的国家宏观调控力度，开始重新征收一些产品的出口关税，并且恢复了出口许可证制度。比如，自1998年11月开始，俄罗斯针对油籽和未加工的皮革实行出口许可证制度，与此同时，对石油、粮食等出口产品于1999年起又重新开始征收出口关税。

俄罗斯正式于1996年10月以"出口合同统计制"替代"出口合同登记制"，除了受许可证管理的商品，超过5万美元金额的外贸出口合同都需要在俄罗斯外贸部进行注册。该制度优化了在登记制实行期间要求重要战略性原材料商品出口必须进行外贸登记的复杂程序。在加工服务贸易出口方面，为了发挥其对国家贸易出口的作用，免除了购买俄罗斯原料进行加工的国外企业的海关监管制度，仅要求最终加工产品依据一般出口制度运出俄罗斯边境。

此外，俄罗斯为了转换进出口企业的经营机制，采取了一系列政策措施对进出口企业进行所有制改造。其中，私有制改造便是主要手段之一。1995年7月24日俄罗斯发布联邦政府令，规定对国家对外经济联合公司实行私有化改造，并在此基础上成立"俄罗斯商业代理公司"。为了使俄罗斯进一步适应国际竞争的需要以及大企业"强强联合"的发展方向，进而达到企业集团化、专业化和经营一体化的经营模式，俄罗斯针对国内重要的出口部门进行了体制上的调整，对石油产业部门的改革尤为突出。比如，为了优化国内的石油生产和经营状况，俄罗斯政府于1999年通过规模经营增强石油部门的国际竞争力,将石油公司、斯拉夫石油公司、奥纳克石油公司正式合并为一个整体,成立由国家控股的石油公司(国家持有75%的股份)。该新建石油公司年产量高达5500万吨,成功跻身世界十大石油公司的行列。另外,俄罗斯政府还对石油部门企业集团经营一体化采取了一系列措施,具体表现为不允许将国家控股的石油公司股份出售给石油开采企业;政府必须为加工和销售部门创造良好的生产经营条件;加大吸引外资的力度,促进石油市场一体化的进程。

4. 外汇管理体制

从1995年1月开始,俄罗斯政府为了稳定卢布汇率,先后实施了"外汇走廊"和"有管理"的浮动汇率制,这两种汇率制实施以后,到1998年8月中旬,俄罗斯的卢布汇率开始基本保持稳定,市场内的外汇投机现象得到缓解,外汇供求趋于平衡。从整体来说,这样的汇率政策对其对外贸易发展是较为有利的。

1998年东南亚金融危机爆发给刚有所复苏的俄罗斯经济带来了巨大冲击。在这种背景下,俄罗斯政府要想保持汇率的稳定,就意味着要用杯水车薪的100多亿美元外汇储备去博弈世界金融大亨。迫于窘境,俄罗斯政府不得不于1998年8月底正式宣布放弃"外汇走廊"和国家调控的浮动汇率制,自1998年9月4日开始实行自由浮动汇率制。这就使得俄罗斯卢布汇率再一次陷入持续贬值的灾难之中,自实施日起到2000年年底卢布兑换美元的汇率持续下跌到28∶1(1新卢布=1000旧卢布),跌幅约为78%。东南亚金融危机给俄罗斯汇率制带来了较大的冲击,迫使俄罗斯政府通过宏观经济政策的调整来提升对金融风险的防御能力。所以,在长期的自由浮动汇率制暂时不能得到彻底改变的情况下,俄罗斯政府开始加强对进出口外汇的管制,实行严格限制外汇投机活动等措施,从而导致原本形成的卢布自由兑换机制遭遇了较大的冲击。

为了减轻这种冲击，俄罗斯对外汇市场采取的措施是，增加创汇收入，扩充中央银行的外汇储备量，其中规定将出口企业外汇收入中必须出售的份额比例由原来的50%提升到70%。即使这样，俄罗斯的国家黄金外汇储备还是由危机爆发前的238亿美元缩减到110亿美元，外汇储备达到近年来的最低水平。另外，俄罗斯的国际收入大幅下跌，卢布的汇率从相对强势急速降为劣势，从而进一步加剧了经济的美元化倾向，并导致了国内资本的急剧外流。俄罗斯中央银行为了稳定卢布汇率，进一步提高了出口企业的强制售汇额度，额度由70%提升到75%。与此同时，为了进一步限制外汇流动，俄罗斯政府制定和实施了包括加强进口外汇管理、严格限制外汇投机等在内的一系列措施。这些措施的实施虽然取得了一些事先预想的效果，但同时也导致了进出口贸易盈利不确定性增强。

第二节 普京执政时期对外贸易战略调整的主要内容及保障措施

一 对外贸易战略调整的主要内容

由于叶利钦时期实施的游离于国情之外的贸易自由化战略不符合俄罗斯发展实际，给国内经济发展造成了相当严重的负面影响，一度使整个国民经济陷入"出口能源和基本材料、换汇食品和消费品"的低级循环。因此在对外贸易体制改革中，为了消除自由化战略所造成的不合理的对外贸易商品结构和产业结构，俄罗斯越来越重视国家调节在对外贸易活动中的作用。2000年普京执政以后，在对外贸易发展体制的改革问题上,强调俄罗斯必须积极吸取贸易自由化体制实施过程中盲目自由化的教训,主张建立一套循序渐进的对外贸易体制,以更好地实现俄罗斯经济与世界经济的一体化。自此,俄罗斯开始实行"市场化改革和国家调控相结合"① 的全面对外开放的贸易体制。

在贸易战略上,2000—2008 年普京任职期间采取以比较优势为基础的多元化贸易战略,俄罗斯所具有的最稳定的"比较优势"无疑是能源禀赋,因此这一时期又可以被为以能源产品的出口导向为主的多元化贸易战略时期。该战略倾向于发挥俄罗斯能源产品出口在经济发展中的作用,从而实现经济实力恢复、国家在世界经济中地位提高的战略目标。相对于叶利钦时期的贸易自由化战略,普京采用的以比较优势为基础的多元化对外贸易战略更加系统和全面,并且分化为资源性产品出口导向战略、工业品贸易战略、市场多元化战略等多个不同的层面。这一时期的俄罗斯对外贸易战略一方面更能体现其参与世界经济并获取经济收益的进程,另一方面也为俄罗斯经济的复苏提供了条件。

(一)出口贸易战略

该时期的俄罗斯出口贸易战略根据国内不同产业领域主要分为资源性产品出口导向贸易战略、工业制成品出口贸易战略、军事产品出口贸易战略等。

首先,俄罗斯推行的资源性产品出口导向贸易战略是在充分考虑资源禀赋优势的基础上提出的,旨在通过促进资源性产品尤其是能源产品的出口来带动俄罗斯国内经济增长,扩大出口规模。在普

---

① Williams, J. H., Ghanadan, R., "Electricity Reform in Developing and Transition Countries: A Reappraisal", *Energy*, 2011, 31 (6/7): 815 – 844.

京总统执政时期,俄罗斯的资源性产品出口导向战略在经济发展中的作用较为突出,因为资源性产品出口导向战略的目标为逐步使俄罗斯经济开放程度进一步扩大。在具体的实施过程中,俄罗斯采取了一系列简化程序及进一步完善基础设施等措施来扩大石油、天然气等大宗商品的出口量,并积极扶持从事能源产品生产的企业的技术改造升级,以提高此类出口产品的附加价值,实现由以能源出口为主向以能源加工制成品出口为主的转变。普京总统在《千年之交的俄罗斯》一文中提出,俄罗斯应全面提高燃料动力和原料部门的出口能力。按照普京的想法,俄罗斯又制定了一系列相应的措施,积极培育相关企业,其中包括给予技术及资金等方面的扶持。另外,其间公布的《俄罗斯2005年前出口导向的工业政策构想》文件中明确将包括石油开采、森林工业、有色金属冶金等在内的9种工业列为出口型行业,并将这些行业定为其对外经济活动实行调节的重点对象。

而作为资源性产品出口导向战略的重要组成部分,俄罗斯能源出口导向战略是依据能源产业基础和国际市场能源需求量而提出的,发展能源工业、增加能源产量不仅能在对外贸易中扩大能源产品的出口,也能带动国内经济的增长。2003年3月俄罗斯政府审批的《俄罗斯2020年前能源战略》的文件中指出,提升能源产品竞争力、出口潜力并积极促进产品品种及出口地区多元化是俄罗斯的对外能源基本政策,另外还系统规划了俄罗斯国内能源资源的储蓄量、产量和出口量,将增加石油、天然气及铀矿等资源的储量,提升电力、天然气、煤炭、原油等的产量。其中,计划在2020年前将俄罗斯原油出口量增加至1.4亿—3.1亿吨,以进一步提高天然气、电力等出口份额。

其次,工业制成品出口贸易战略的重点是扩大俄罗斯机器设备产品的出口,且循序渐进地提升高科技部门产品的出口额。事实上,作为俄罗斯调节经济结构、谋求与世界经济接轨的重要战略,工业制成品出口贸易战略最早被提出是在普京的《千年之交的俄罗斯》一文,他认为:"前进中的21世纪必然是高科技和生产科学密集型产业为重点竞争的时代,俄罗斯应重点发展国内的高科技产业部门,制定扶持国内出口型高科技产业的发展等政策,刺激俄罗斯国内市场对于先进工艺、科技产品的需求。"之后,为了落实普京的这一想法,俄罗斯又颁布了《2010年前俄罗斯新的经济发展纲要的基本原则》,具体进行了细化,提出"鼓励企业出口的多样化,增加加工制造业部门特别是高科技部门的产品出口",实现俄罗斯出口产品多元化。此外,在《2005—2008年经济发展纲要》中,明确规定要增加对信息产业、高科技产业部门的资金投入,投资额增幅由2003年的9.3%提升到2015年的19.1%。[1]作为世界市场中的贸易大国,俄罗斯仍以初级产品为主的商品结构显然不符合世界经济发展趋势。由此可见,在积极培育国际市场竞争力方面,工业制成品出口贸易战略在发挥着重要的作用。

最后,军事产品出口贸易战略是普京时期为发挥俄罗斯在军事领域的科技优势而提出的,体现了俄罗斯在国际分工中的特殊地位。该战略的核心内容是进一步扩大对军工综合体的投资力度,切实加强对先进军事技术的研究,生产出在世界市场上具有竞争力的军工产品。为此,2000年年底俄罗斯正式废除与美国签订的《关于停止向伊朗出售常规武器的协定》,以消除外来因素的约束,为扩大军工产品出口营造良好的环境。俄罗斯基于普京总统关于军工产

---

[1] 参见郑羽、蒋明君《普京八年:俄罗斯复兴之路(2000—2008)经济卷》,经济管理出版社2010年版,第187页。

品出口贸易战略的构想,积极鼓励军工产品贸易公司在国外设立办事处,与其他国家进行军工产品贸易往来,通过建立国际运输走廊等措施开展军工产品贸易。俄罗斯继承了苏联军工科技的优势,因此在生产武器产品上具有较强的国际竞争力,并能通过此类产品的出口在国际市场中获利。

(二) 进口贸易战略

进口贸易战略是以比较优势为基础的对外贸易战略的重要内容之一,其更加倾向于通过对幼稚工业的保护来提升工业制成品的生产能力,以减少某些产品的进口。早在叶利钦时期,虽然针对轻纺和食品等幼稚工业的生产竞争力已经被提到政策高度,但是因内外部因素的限制并没有得到显著效果,使得俄罗斯经济结构持续恶化。所以,普京当政时期,俄罗斯开始实施进口替代贸易战略。具体表现为:增强国内轻纺和食品等工业制成品的生产竞争力,进而逐渐以此代替进口,实现对国内经济结构的调整。俄罗斯进口替代贸易战略最早体现在普京发布的《千年之交的俄罗斯》一文中,在文中明确指出俄罗斯将"扶持以满足国内需求为主的非原料部门的发展"。[①] 从整体来说,俄罗斯实施进口替代贸易战略的过程由两个阶段组成:一是针对俄罗斯国内的日用消费品行业实行政府保护措施,扩大产品生产,以代替同类产品的进口,这些日用消费品行业主要包括食品、轻纺行业等。二是实现俄罗斯工业基础建立的目标之后,不断进一步深化国内的进口替代战略,重点对国内的资本密集型和技术密集型产业给予政策性扶持,使其逐渐具备较强的生产能力,满足市场需求。

---

① 参见《全方位推行社会经济改革——21世纪前十年俄罗斯社会经济发展战略研究(四)》,http://www.docin.com/p-87303337.html。

（三）市场多元化贸易战略

普京时期注重对外贸易合作伙伴的多元化，一方面继续巩固与西方发达国家之间的贸易往来，另一方面积极加强与亚太国家、独联体国家之间的经贸合作。俄罗斯基于对外贸易市场多元化的战略，对来自不同国家的商品采取不同的贸易政策。因为欧盟在俄罗斯对外贸易伙伴中呈现一枝独大的趋势，故市场多元化贸易战略的最终目标便是增加俄罗斯地理方向涉及的范围，以尽量降低因对外贸易过度依赖个别国家而可能出现的经济风险。这一战略的提出，最早体现在《2003—2005年俄罗斯联邦社会经济发展中期纲要》中，纲要中把与其交往的贸易伙伴进行了较为详细的划分，顺序是欧盟、独联体、美国、亚太地区、中东国家、非洲国家等。俄罗斯除了把欧盟作为其最大的贸易伙伴外，还逐渐将重心倾向亚太国家及独联体国家。这主要是因为亚太地区及独联体国家独特的经济结构和地理位置，更能为俄罗斯节约交易成本，从而使其获得贸易的比较优势。此外，俄罗斯的市场多元化战略在能源产品的出口上体现得更为明确，与亚太地区的能源合作，包括石油输出及天然气管道的铺设等，可以实现能源产品出口的扩大，如俄罗斯建设的中欧走廊的"友谊"和"亚得里亚"管道体系及中俄天然气出口管道建设等，以此便于将萨哈林大陆架的油气送往亚太等大市场。

（四）吸引外资型的贸易战略

普京执政时期，俄罗斯非常重视对国外资金的引入，以弥补国内经济发展中存在的资金缺口，促进相关产业的发展，提升其竞争力。当时，在"与外资共建俄罗斯"的经济发展方针指导下，制定了一系列吸引外资的政策，并对国内鼓励外资进入的产业进行了分类。如设立积极为外国投资者服务的俄联邦经济发展及贸易部所属的外国投资促进中心,通过颁布和完善相关法律法规,为外资进入营造了良好的制度环境,还对外国投资者在税收上给予一定的优惠政策等。此外,经济特区的设立,更是极大地便利了外资进入微电子业、仪器制造、核技术、信息技术、生产家用电器、汽车零部件等相关产业领域。俄罗斯吸引外资政策在一定程度上促使其竞争优势由要素阶段提升到要素与资源共同推动的阶段。资本在俄罗斯提升产业升级进而优化对外贸易商品的过程中是必不可少的,但是在叶利钦时期却不太重视吸引外资,导致相关外资政策不够完善,不仅吸引的外资数额有限,而且分布的领域也不合理。在普京执政时期这种现象有所明显改善,主要体现在:政府先后出台了积极吸引外资的相关政策,并对外资的进入加以政策引导,使外资在产业领域的分布更趋合理化,促进了俄罗斯产业结构的进一步升级与优化,其中包括与贸易相关的产业的发展。

二 保障措施

(一) 加强对外贸立法方面的管理

在法制建设方面,俄罗斯加强对外贸易立法方面的管理,借助法律规范对进出口贸易活动施加影响。俄罗斯对外贸易立法管理具体表现为,包括政府颁布的《俄罗斯联邦海关法典》及一系列与贸易相关的法令、条例在内的法律法规,对外贸易立法管理具有其他贸易方式不具备的权威性、统一性、严肃性、规范性的特点。[1] 俄罗斯在普京执政时期针对对外贸易采用了大量的立法管理措施,规范了对外贸易活动的秩序,充分体现了普京总统"国家应保证市场秩序"的经济思想。比如,俄罗斯政府于2003年通过的《俄罗斯

---

[1] Mehmet, Demirbag, P., Martina, McGuinness, D., Hüseyin, Altay, A., "Perceptions of Institutional Environment and Entry Mode", *Management International Review*, 2010, 50 (2): 207 – 240.

联邦海关法典》,从法律角度明确了海关机构的组成和结构安排①,规定了海关管辖的各项职能及行政规范,并且进一步完善了进出口商品制度。通过该法的实施,俄罗斯海关办理进出口业务的效率明显提升,交易成本得到控制。另外,该法强化了对俄罗斯海关进出口贸易的管制,将监控制度实施到占据国家收入总源头的出口商品中,对需缴纳高消费税及高关税的进口商品实行技术分析及风险制度。该法还新增了知识产权及定价权的保护政策,明确了可提供的关税优惠及其他政策。总而言之,《俄罗斯联邦海关法典》的实施标志着俄罗斯对外贸易呈现出了标准化的特征,并且对外贸易管理体系逐渐完善,这不仅成为对外贸易发展的重要保障,同时也为其积极参与世界经济一体化提供了重要的制度保障。针对对外贸易活动秩序,俄罗斯先后颁布了《商品外贸许可证制度和许可证银行组建管理条例》《医用药品进出口条例》《就关税计征与关价确定等法规执行情况对海关机构实行监管的条例》等法规条例对各项政策做出了明文规定。在外资利用上颁布《外国投资法》《经济特区法》等法律法规,对外资进入俄罗斯能享有的优惠政策进行明确划分,比如在《经济特区法》中,大幅度降低了外资企业进入俄罗斯所应缴纳的社会税,此外还规定外资在进入俄罗斯的前五年免征财产税及土地税,尤其是在经济特区实施自由关税区制度,进口免征关税及增值税,区内产品免税出口等。

(二)改革、规范关税制度

在关税方面,作为俄罗斯调节进出口贸易的最重要手段之一,政府采取了一系列与进出口关税相关联的措施。

---

① 《俄罗斯联邦海关贸易统计方法》,http://yangchushan2007.blog.163.com/blog/static/6917707020082564 29223/。

1. 改革进口关税

一般来说，俄罗斯关税的税率水平、纳税产品种类及范围都影响着其对外贸易战略的实施。所以，合理、完善的关税税率、税制结构等内容在充分实现对外贸易战略的目标上起着重要的作用，而且还能够保证俄罗斯工业及贸易伙伴多元化的建设。这一时期最早体现新进口关税法律的是于 2000 年 4 月 1 日颁布的《俄罗斯联邦海关税则》，其中基于普京时期的贸易战略及与之相适应的关税税率水平、税制结构、征税方式等内容已经向国际化标准靠拢，税率水平依据《俄罗斯联邦海关税则》针对 80 种商品的税率进行了调整，其中税率下调的商品有 45 种，税率上调的商品有 30 种，剩余的 5 种商品一方面保持固有的从价税不变，另一方面新增了从量税。[①] 接着，俄罗斯经济和贸易部于 2000 年 8 月 8 日提出关税改革方案，将当时 1 万多种进口商品的 7 种税率（0%、5%、10%、15%、20%、25%、30%）调整为现在的 4 种税率，分别为 5%、10%、15% 和 20%，是对原有税率的重大改善。[②] 其中，最低 5% 的关税主要是针对原料类商品设定的，10% 和 15% 的税率水平是正常税率，而 20% 的高税率主要是针对工业设备类商品。除此之外，针对俄罗斯国内企业不生产或者产量不足的设备则适用较低的税率。

俄罗斯在 2001 年 11 月颁布了《关于在从事对外经济活动时使用的海关税率和商品名称》，详细规定了可享受降低关税优惠政策的对外经济或技术设备名录。俄罗斯联邦政府正式于 2006 年 3 月 24 日批准使用附录中的进口关税税率，实施有效期为 9 个月，这项决定主要是为了提升俄罗斯的工业技术水平和竞争能力，生效时间

---

① 《俄罗斯外贸进出口、海关通关关税、外汇管理政策》，http://blog.renren.com/share/235024304/917533648。

② 《俄罗斯关税政策》，http://www.ynpxrz.com/n288926c1416.aspx。

为自批准之日起 1 个月后。据相关统计资料显示，当时俄罗斯进口尖端技术设备产品超过了 1600 种，其中列入征收关税的约有 900 种，但其关税税率很低，为 5%—10%，而对剩余的 700 多种进口的高新技术产品则实行不征收关税的零关税政策。这种对进出口商品实行大范围的免除关税情况是俄罗斯历史上前所未有的。从享受免除关税的商品生产领域看，主要有农业生产领域、石油天然气生产领域、船舶生产领域、电子产品生产领域、轻工业产品生产领域、食品生产加工领域、木材生产加工领域等。据当时的相关资料的推测，俄罗斯的这一举措，导致每年财政收入减少 5 亿多美元，但是为了加速经济的发展、振兴相关领域、顺利加入 WTO 等，俄罗斯还是顶住压力一直坚持了下来。同时，根据俄罗斯工业和企业联盟估计，在俄罗斯现有的企业生产的设备中，大约有 70% 的设备存在技术老化的问题，而国内企业却无力生产高质量尖端技术设备。俄罗斯《生意人报》指出，在取消进口尖端机器设备的关税实施过程中，俄罗斯能够利用该机会进行技术创新。另有资料显示，在俄罗斯的进口商品总额中，机器和设备出口份额占据了 1/3，2003—2004 年，其份额更是由 37.3% 提升到了 41.2%，高达 410 亿美元。

总的来说，俄罗斯在普京执政时期实行的下调整体关税水平的策略是符合贸易全球化发展潮流的。在俄罗斯进口关税征收方式中，从价税占据了较大比重，其次是从量税、复合税等。在国际市场中，世界各国通常会因为贸易商品种类繁多而分别采取不同的征税方式，以实现对进口商品积极有效的保护。俄罗斯在此期间对进口关税方面实行的调整政策是较为灵活有效的，起到了保障其整体对外贸易战略实施的作用。

基于普京时期的市场多元化贸易战略。俄罗斯在海关税则中依据国别政策对贸易伙伴国实行差别待遇。按照基本税率标准征收享有最惠国待遇国家商品的进口关税，按照基本税率两倍的标准征收不享有最惠国待遇国家商品的进口关税，免征与俄罗斯签订自由贸易协定的独联体国家商品的进口关税，依据基本税率75%的标准征收发展中国家商品的进口关税。通过这些关税税率的调整保证俄罗斯对外贸易地理方向上的多元化。

2. 改革出口关税

俄罗斯根据国际国内形势的变化对出口关税进行过多次调整，在普京执政时期的2000年3月，俄罗斯继续调节某些商品的出口关税，自2002年便开始大量下调商品出口关税，比如由俄罗斯政府对外贸易和关税政策保护措施委员会通过的下调200项出口关税及取消500项出口关税的决定；2003年将甲醛的出口关税税率由原来的10%下调到6.5%；截至2003年年底，俄罗斯仅对包括碳氧氢化合物原料、木材产品、宝石等在内的473种商品征收出口关税。俄罗斯依据世界市场的变化对自身出口关税税率水平及时做出调整，以进一步适应世界经贸形势变化及国内出口生产企业发展的需要。

在征收出口关税的对象方面，最主要的是资源型的生产产品，具体表现在在以往关税税率的基础上实行新的石油及石油产品的关税。比如，原来的规定是每出口1吨石油征收10欧元关税，调整后征收20欧元，整整翻了一倍。另外，对重油和柴油的出口关税征收提高的幅度也较大，其中重油的关税税率由原来的12欧元/吨提高到15—17欧元/吨，柴油关税税率由原来的10欧元/吨提升到15—20欧元/吨。与此同时，俄罗斯政府积极根据国际石油价格的波动对国内的原油的出口关税每两个月进行一次调整。2004年2月到2005年10月，俄罗斯已前后7次调整原油的出口关税，将其从原来的41.6美元/吨提升到179.60美元/吨。2006年3月20日，俄罗斯政府决定自当年4月1日起将石油出口关税税率水平提升到186.4美元/吨，这一新的税率标准创历史新高。与此同时，俄罗斯政府对外贸易和关税协调委员会对外公布，对未加工原木自2006年1月起上调6.5%的出口关税，新关税税率达4欧元/立方米。此后又于2007年7月1日将未加工的原木的出口关税调整为出口报关值的20%，且不低于10欧元/立方米。对未加工原木的关税调整政策反映了俄罗斯对国内林业资源的保护。出口关税策略的实施，能够提升出口商品在世界市场上的价格，一定程度上提高国家财政收入，也保护了国内资源。

(三) 调整非关税体制

此间，俄罗斯政府进一步加大了对非关税调整的力度，调整的对象与领域也较为宽泛，概括起来，主要体现在以下几个方面。

1. 配额及许可证制度

一般来说，配额及许可证数量的减少会对扩大进出口贸易规模有较大的影响。但俄罗斯采取减少配额及许可证数量后不仅没有出现负影响，反而促进了贸易的发展。此间，俄罗斯对配额及许可证制度的改革主要体现在《关于批准对外商品交易领域许可证发放以及实行许可证联邦数据库的管理条例的规定》的颁布与实施。此规定进一步减少了使用配额和许可证的产品种类，并重新明确了使用许可证和配额制的商品种类，其中仅对包括有色金属、石油、矿产品等在内的16种产品采用出口许可证制度，对猪肉、牛肉、禽肉等产品则实行关税配额管理制度。普京时期俄罗斯对于进出口贸易实行较为宽松的管理，实现了大多数商品的自由贸易。此外，为了使国内产品积极参与国际贸易，俄罗斯不断简化海关管理，提升办事效率，节约交易成本。于2004年1月1日正式实施的《海关法》

就明文规定了简化俄罗斯海关管理及海关手续的措施。通过政府的立法管理,俄罗斯为对外贸易营造了完善的制度环境,在一定程度上有利于对外贸易活动的健康有序开展。

2. 金融支持措施

金融支持措施是俄罗斯经贸部为了进一步刺激工业制成品出口战略而出台的一系列支持措施之一。其主要包括出口信贷、出口业务担保和保险、出口信贷贴息等①,有利于促进俄罗斯工业发展及贸易战略的实施。俄罗斯进行金融支持的对象是国内开展对外贸易的企业,通过支持这些企业的产品生产,提升俄罗斯出口企业在国际市场的竞争力。普京时期日益完善的金融支持能够极大地增强俄罗斯在国际市场中的金融优势,并且不断通过金融及其衍生工具加强企业技术创新,更能充分保证对外贸易战略目标的实现及国际竞争优势的提高。

3. 改善外汇管理体制

在外汇管理体制改革方面,俄罗斯对国内出口企业大幅度下调售汇额度:先是将其售汇标准下调到50%,接着又继续下调到30%,到了2004年年底后再次下调到10%,可见,此次售汇额度下调的幅度相当大。正式颁布于2003年的《俄罗斯联邦外汇调节和监督法修正案》则在一定程度上保留了俄罗斯中央银行规定的出口企业强制售汇额度不能超过25%的权利。此后,俄罗斯中央银行又于2006年3月27日发布消息将俄罗斯出口企业强制售汇额度降低至零,这就意味着俄罗斯实行多年的强制售汇制度的完结。这对于俄罗斯而言是其放宽外汇管制措施的重要举措。

---

① Hilmarsson, H., Dinh, T. Q., "Can Export Credit Agencies Facilitate Cross Border Trade to Emerging Markets and Help Increase Investments and Innovations in Their Food Processing Industries", *Journal of Applied Management and Investments*, 2013 (3): 176-186.

第四章 俄罗斯转轨时期对外贸易战略调整的内容及保障措施

俄罗斯联邦政府中央银行董事会通过的决议主要涉及两方面的关键内容：首先，从 2006 年 5 月 1 日开始降低与资本出境有关的外汇业务准备金提取额，下降额度为 1/2；其次，将国内出口企业的外汇收益强制结售汇额度下降至零。另外，2003 年俄罗斯通过的外汇调节和监督法中规定，自 2007 年开始取消对境内资本流动的全部限制，以最终实现卢布的完全自由兑换。

总的来说，取消出口企业的强制售汇制度仅仅意味着政府对出口产品生产企业的外汇限制强度的减弱，而进一步降低与资本出入境有关的外汇业务的准备金提取额，代表着俄罗斯中央银行尝试减少对资本运作中的外汇业务限制迈出了重要的一步。另外，对外汇准备金率也实行了下调政策，将投资俄罗斯境内外股票的外汇业务准备金率从原来的 2% 下调至 1%，同时对购买债券的外汇业务准备金率则由原来的 15% 降低到 7.5%，有力地促进了出口企业的业务发展。

自进入 21 世纪以来，俄罗斯卢布走势随着国家政局的稳定及经济的复苏开始呈现平稳态势。中央银行于 2006 年 6 月 13 日正式宣布，自当年 7 月 1 日起，取消 1998 年金融危机爆发以后紧急实施的针对卢布自由兑换的所有限制，卢布自由兑换得以继续实施，并允许公民出境携带一定数量的卢布（现阶段俄罗斯公民可携带 1 万美元或与之相当的卢布出境），同时允许俄罗斯公民在国外银行开设账户。2006 年 6 月 29 日，俄罗斯政府颁布《外汇调节和外汇监督法》修正案草案，正式规定取消对资本流动的所有限制，具体表现为俄罗斯出口商必须向政府指定银行出售外汇，对自然人向国外账户汇款超过 15 万美元实施限制等。

第三节 梅德韦杰夫执政时期对外贸易战略调整的主要内容及保障措施

一 对外贸易战略调整的主要内容

2008年5月梅德韦杰夫当选俄罗斯总统，普京出任俄罗斯总理，俄罗斯的对外贸易战略重新进入一个崭新的发展阶段。梅德韦杰夫一方面面临着俄罗斯对外贸易规模的迅速提升，另一方面面临着俄罗斯国内严重的经济结构及对外贸易商品结构的失衡。针对这些问题，普京在当年离职前提出创新型现代化对外贸易战略，详细构思了到2020年前俄罗斯的发展战略。所以，梅德韦杰夫上台以后采用的对外贸易战略在某种程度上可以说是延续了普京时期的经济思想，即加强进口管理，适度保护国内市场，实行进口替代，调节进出口商品结构，强调创新在对外贸易中的作用，将促使科技含量高和深加工产品的出口放在首位。在当时经济全球化迅速发展的大背景下，俄罗斯利用创新型现代化对外贸易战略，提升国家在世界市场中的竞争力以及国际分工中的地位。在这一时期，俄罗斯已逐渐认识到创新在增强国家竞争力优势上的积极作用，并将其充分应用到对外贸易战略的制定中来，通过战略的转变达到提升国家竞争优势及获得对外贸易经济收益的目的。

俄罗斯在2008—2012年实行的对外贸易战略是2020年前俄罗斯对外贸易战略及《俄罗斯2020年前经济社会长期发展战略构想》的集中体现，后者是俄罗斯制定的更为全面的经济发展战略。《俄罗斯2020年前经济社会长期发展战略构想》主要包含了2020年前俄罗斯经济社会的发展目标、模式及路径等内容，集中体现了俄罗斯对外贸易战略新的发展趋势。

与普京时期实行的以比较优势为基础的对外贸易战略相比，梅德韦杰夫时期采用的创新型现代化对外贸易战略，更注重鼓励及扶持资源产业和高科技产业，通过不断培育国内产业新的竞争优势来逐步调节和优化国内经济结构及贸易商品结构。在这一时期，俄罗斯正式采用国家政策规划等形式指导俄罗斯中长期对外贸易发展，于2008年10月27日正式通过的《2020年前俄罗斯对外贸易战略》便具体体现了这一点。该文件明确规定了俄罗斯在2020年前实行对外贸易的重要伙伴及拟定的出口商品结构等内容。在对外贸易伙伴选择方面将首选亚欧经济共同体国家，然后是中国、印度、阿富汗、蒙古及伊朗等周边国家。

俄罗斯对外贸易规模、商品结构及地理方向是梅德韦杰夫时期俄罗斯实行的创新型现代化贸易战略的目标所在，并以此实现优化产业结构、提升国家竞争力的目标。首先，在对外贸易规模上，持续扩大俄罗斯国内商品在国际市场上的占有率，不断增大对外贸易的发展规模。截至2020年，俄罗斯要实现国内商品在世界市场所占份额提升至4.3%（2007年俄罗斯商品在世界市场中所占份额为3.1%）；依据世界市场石油价格（80—90美元/桶）实现俄罗斯石油出口额突破9000亿美元的标准（2007年俄罗斯的石油出口额为3540亿美元）；将机械制造业产品的出口额提升至2007年的5倍，突破1100亿美元。其次，在对外贸易商品结构上，不断提升出口贸易中高科技产品所占的比重。具体目标为：到2020年，俄罗斯实现在世界高科技产品及服务市场份额中，包括原子能、航天技术、特种船只建造等在内的相关部门突破5%—10%；高科技产品在世界高科技产品总额中所占的比重由2007年的0.3%提升到2%。在对外贸易地理方向上，密切与亚欧国家的贸易合作，持续推行市场多元化战略。具体目标为通过积极参与经济全球化，逐渐增强俄罗斯在世界市场上的地位，并争取成为促进亚欧经济一体化的主导国家。

二　保障措施

第一，俄罗斯重视创新型经济体系的构建，对实现其创新型现代化对外贸易战略起到了极大的推动作用。主要体现在政府部门更加注重国内技术的创新，适当减轻国内进行创新活动的个人或者中小企业等主体所应缴纳的赋税，并加大对国内科技领域的资金投入，实行人才培养计划等，为科技进步创造良好的环境。

第二，通过优化国内产业结构培育产业竞争优势。产业政策是梅德韦杰夫时期实行的对外贸易战略中重要的组成部分，旨在通过高新技术改造国内资源及运输等相关领域的基础设施，实现俄罗斯能源产品的迅速稳健发展。此外，进一步加强信息网络设施建设，以确保信息透明度，节约交易成本，实现各产业之间的协调发展。

第三，培育国内企业竞争优势，实现企业健康发展。梅德韦杰夫当政之后，曾计划在未来三年内将完善采购体制作为政府工作的重点，以充分保持俄罗斯国内企业在市场竞争中的活力。倾向于通过国家的市场采购体制不断增强国内企业的技术创新及市场竞争力，避免阻碍市场发展的寻租行为的出现。与此同时，梅德韦杰夫提出税负水平的合理化，以便激励企业发展及技术水平的提升，增加经济效益。

第四，积极吸引外资，改善投资环境。俄罗斯在梅德韦杰夫执政时期，政府大力鼓励发展金融领域的投资，通过外商间接投资促进银行系统的升级，从而加速整个金融业的发展。另外，在制造业及高技术产业等领域也采取积极的吸引外资政策，以促进上述部门的生产企业的设备技术改造，实现出口商品结构的升级及产品竞争力的提升。在 2008 年 2 月 15 日召开的第五届克拉斯诺亚尔斯克经济论坛上，时任俄罗斯总统梅德韦杰夫明确介绍了本国的经济发展计划，其中强调政府工作重心是进一步完善国家的制度化建设，改善基础设施环境，鼓励创新，扩大投资等，计划在之后四年内，通过政府相关政策的引导和各项优惠措施的落实，使整体投资环境得到明显的改善，吸引的外资大幅增长。上述四个方面彼此之间密切相关，并对其投资环境的优化及创新经济体系的建设等发挥了重要的作用。

第五，加入 WTO。基于世界经济全球化的发展趋势，俄罗斯政府在对外贸易体制改革的过程中，为了适应世界经济一体化的发展潮流，参与国际分工，促进对外贸易发展，同时对其外贸体制加以改革，以适应加入 WTO 的要求。截至 2000 年年底，俄罗斯同 WTO 工作小组已进行了 12 轮谈判，虽然俄罗斯一直在积极为加入 WTO 做准备，但加入的基本原则是必须以能够接受的条件为基础，显然 2000 年之前俄罗斯并不具备加入 WTO 的规定条件。至 2011 年 WTO 第八次部长级会议在日内瓦正式批准俄罗斯加入，俄罗斯为此一共付出了 18 年的努力。俄罗斯加入 WTO 的成功，一方面对组织内发达成员方与发展中成员方的力量对比和利益消长起到了一定的控制作用，另一方面为未来俄罗斯在 WTO 体制框架下发展同发达国家间的对外贸易关系并实现合作共赢奠定了基础。

俄罗斯加入 WTO 后，根据协议要求，开始大幅度调整关税税率，计划将总体关税税率从 2011 年的 10% 降至 7.9%，其中把工业制成品的总体关税率从原来的 9.6% 下降到 7.3%，把农产品的关税税率从原来的 13.2% 降至 10.8%。协议生效以后，俄罗斯依据协议规定，对超过 1/3 的进出口税目执行新关税要求，并在三年内实现对另外 1/4 进出口税目的调整。自此，俄罗斯联邦政府在 2012 年 5

月 2 日正式批准 2013—2015 年关税政策基本方向草案，其中俄罗斯未来三年完成的关税承诺由加入 WTO 的议定书附属的商品退让和承诺清单确定。在减少一系列进口关税税率的过程中，俄罗斯预计将从复合关税过渡到从价税或是特别关税，并且降低复合关税中的特别税成分，主要涉及的商品包括生猪、肉类副产品、牛奶、稻米及其制成品、酵母、黑色金属锻轧材料、联合收割机等。俄罗斯在 2012 年通过的 2013—2015 年关税政策基本方向草案中规定，2013—2015 年俄罗斯将继续保持针对进口肉类和肉类产品的配额制度，同时规定继续保留在协定关税承诺框架内的可能性，尤其是针对那些现行税率设定低于上限的商品。

俄罗斯曾在金融危机爆发以后，大幅提高了许多进口商品的关税，加入 WTO 后，又把提高的那部分进口商品的关税恢复到了金融危机爆发前的水平，看起来俄罗斯是有所损失，但得到的利益远远超过了这一损失。加入 WTO 后，俄罗斯通过吸引更多的外资和先进技术、扩大商品出口等途径提升了其在国际市场上的整体竞争力，这对于正处于转轨时期的俄罗斯来说尤其重要。

本章小结

俄罗斯在转轨时期的不同阶段，对外贸易战略调整的内容及采取的保障措施是有所区别的。叶利钦执政时期的对外贸易政策调整主要是围绕消除旧体制遗留的国家干预性计划及指导性计划的影响，破旧立新，即打破旧体制的束缚，重新建立以经济自由化为基础的贸易自由化体制，推行的是一种外向型的对外贸易战略。当时采取激进的方式——"休克疗法"来加速包括对外贸易体制在内的经济体制改革，是事先没有完全做好准备、毫无经验可借鉴的大胆尝试，所以出现一些偏差及一些新问题也是在所难免的。事实也是如此，在改革的进程中，由于偏离了国内的实际情况，出现了一些事先尚未预料的问题，但一时又找不到解决的办法，严重影响到了整体经济的发展。面对这种情况，叶利钦政府不得不采取适度收紧政策的办法，其中包括及时调整一步到位的贸易自由化战略，转向有管理的贸易自由化战略，即采取处于自由贸易和保护贸易之间——以政府协调管理为基础的相对开放型的贸易自由化政策，在出口方面放宽管制，在进口方面则通过关税及非关税手段对部分产品进行适度限制，特别是对国内食品及轻工产品等加工生产的幼稚产业加以保护。这种对外贸易政策的一放一收体现了俄罗斯在经济转型期面临的实际问题，在制度破旧立新过程中不可能一帆风顺，出现问题正是破旧的象征，同时也是新秩序建立的开始。

在普京执政时期，主要以比较优势理论为基础，通过以能源产品为出口导向、以进口替代方式来调整国内经济结构，实现贸易市场的多元化，由过去的"激进式调整"转为"渐进式调整"的以比较优势为基础的多元化对外贸易战略。主要内容概括起来涵盖以下几个方面：一是制定短期、中长期对外贸易战略目标；二是调整进出口贸易政策；三是谋求市场的多元化，制定积极的吸引外资政策等。主要措施体现在：加强对对外贸易立法的掌控，突出其权威性、严肃性及规范性；改革规范关税制度；调整非关税体制和外汇管理体制等。上述做法是在总结前任推行对外贸易战略经验及教训基础上形成的，故显得更加实用，这也是叶利钦总统执政时留下的宝贵财富，他为后继者进一步推进市场经济特别是对外贸易自由化奠定了基础，同时也为后期的经济恢复与发展营造了条件。

梅普时期的创新型现代化贸易战略调整的内容主要体现在：在

对外贸易中维持资源型产业的中心地位基础上加以发展创新；扩大高新技术产品在出口中的比重；培育国内产业新的竞争优势来调节出口商品结构等。主要措施为：构建创新型经济体系，为对外贸易奠定良好基础；优化国内产业结构；培育企业竞争优势；改善投资环境，扩大吸引外资；争取早日加入WTO，以求在WTO框架下发展对外经贸合作关系等。这种策略是普京时期对外贸易战略的一种延伸或者充实，从创新的字面看，有很大成分是在原有基础上的开拓，是把原来的一种优势——资源优势，扩展至两种优势——资源优势及高科技优势，使俄罗斯对外出口产品的优势竞争种类增加，优势竞争的领域也更加广泛，这些也完全符合俄罗斯的实际情况，而且在两种优势中高科技优势显得更具生命力，更有利于国家的长期对外贸易发展。

第五章　俄罗斯转轨时期对外贸易战略调整的效果评析

第一节　对叶利钦执政时期对外贸易战略调整效果的评析

苏联的对外贸易体制具有鲜明的计划经济特点：以国家集中分配人力、财力和物力为基础，国家主管部门统一计划调控对外经济贸易活动，国内任何企业及个人都无权自行从事对外经济活动；国内外商品价格完全脱钩，由国家财政部集中管理对外贸易盈亏情况；在外汇体制改革方面实行双重外汇制度，将贸易汇率水平调整到非贸易汇率水平之下，不允许国内货币的自行兑换；在对外贸易地理方向上主要限于经贸互惠国家，游离于世界贸易体系之外。这就导致苏联在对外贸易体制上采用国家高度垄断的方式对本国对外经济关系进行调整。到了20世纪80年代，随着经济全球化步伐的加快，各国经济发展受国际贸易的影响越来越大，与此同时，对外贸易在各国 GDP 中的比重也不断上升。国际分工模式正在逐渐由传统的双边形式向世界性方向转变。在此背景下，世界多边贸易体系逐渐形成和发展，国际贸易中各国之间的关税和非关税壁垒逐渐减少，各国贸易体制的自由化趋向的改革正在成为符合世界发展趋势的必然选择。因为，自20世纪80年代开始，苏联政府正式着手对自身外贸垄断体制的改革，采取了逐渐下放外贸权限等措施。苏联解体以后，俄罗斯成为一个独立的主权国家，其进行的外贸体制改革的大致方向是与国内外贸及经济改革的任务相辅相成的。

俄罗斯获得独立后，实行的一步到位的贸易自由化战略，一方面促使其开放型经济体系逐渐形成——市场经济的建立；另一方面又因罔顾本国初始条件推行全面的贸易自由化政策，使得前后不衔接、理想与现实脱节，故产生了一系列的经济问题。如1992—1994年实行的全面的贸易自由化战略给俄罗斯的对外贸易领域带来了诸多问题，尤其是对外贸易的混乱无序，无法抵御世界贸易市场的冲击，面对这种情况，俄罗斯不得不开始采取适度收紧的政策，从1995年起开始实行有管理的贸易自由化战略，以加强政府对对外贸易的引导及干预。但是，值得注意的是，1995—1999年的有管理的贸易自由化战略仅是相对于1991—1994年实行的贸易体制一步到位的自由化战略而言的。事实上，俄罗斯期望通过战略指导来培养国际竞争优势产业的意愿并没有实现，同时俄罗斯对外贸易商品结构也呈现持续恶化的趋势。

一 正面效应

（一）加速了开放型经济的形成

贸易体制一步到位的自由化战略的实施，促使俄罗斯对外贸易的众多方面都经历了全面的自由化改革，比如汇率管理、进出口管理、外贸经营权等，这直接影响到俄罗斯的对外经济活动和外贸企业的经营活动，为进入国际市场、实现参与国际经济一体化提供了必要的政策支持，较为成功地将俄罗斯本国的封闭型经济转化为开放型经济。此外，俄罗斯实行的贸易自由化发展战略，为本国企业在对外贸易活动中营造了公平参与市场竞争的良好环境。1992年俄罗斯实行的贸易自由化战略主要是基于新自由主义经济理论，倾向于通过世界市场来调节其对外贸易活动，以更好地实现本国资源的合理配置，旨在依据比较优势理论积极参与国际分工，以此获取贸易最佳利益。从某种程度上看，这种举措更是促使俄罗斯经济实现对外开放型发展模式的关键所在。

（二）促进政府功能的增强

"休克疗法"期间施行的贸易体制一步到位的自由化战略，造成大量外国商品纷纷涌向俄罗斯的国内市场，导致俄罗斯国内企业生产能力不断下降。为了遏制这种趋势，1995年起俄罗斯开始施行有管理的贸易自由化战略，力图抵御国外商品对国内市场的冲击，进而保护俄罗斯国内相关企业。在具体措施上最突出的特点便是增强了俄罗斯政府在对外贸易中的宏观调控功能，以稳定国内生产和国家的收支平衡。总的来说，有管理的贸易自由化战略实施期间，由于政府管控功能的再次出现，通过适度的商品进出口管理使得国内消费品的供应矛盾得到了一定程度的缓解。这一时期，俄罗斯的对外贸易是以进口替代为主，利用对国内工业的保护来替代进口国外工业制成品。与此同时，在对外贸易地理方位上不再拘泥于单独倾向西方发达国家的战略，而开始重视贸易伙伴的多样化和地区选择的多元化。俄罗斯采取国家干预措施将会影响贸易出现收支顺差，这在一定程度上会增加俄罗斯的市场总需求，进而对俄罗斯经济衰退现象产生一定的缓解作用。另外，通过国家对对外贸易收支平衡的干预，也有利于扩大吸引外资，增加国内总需求及外国货币的供给。所以，从这一点看，俄罗斯通过贸易保护实现了对外贸易收支顺差，就能达到吸引外资的目的，进而实现利率的降低及私人投资的增加。

二 负面效应

(一) 加重了转型性的经济危机

1992—1994年,俄罗斯转轨初期实行全面的贸易自由化战略,在尚未充分准备的情况下骤然开放国内市场,外国的商品蜂拥而至,导致本国的部分商品滞销或失去价格竞争能力,故对国内某些产业造成了一定的冲击,导致俄罗斯企业生产能力下降,出现了转型性经济危机。作为"休克疗法"的配套措施,俄罗斯贸易自由化战略的实施是建立在缺乏对本国产品及相关企业竞争力全面考虑的基础上的,只考虑到了贸易自由化战略的优势,而忽略了对自身实际情况及战略本身适应空间的把握。最终导致商品市场完全开放后,潮水般涌入的外国商品迅速占据了俄罗斯国内市场,造成市场商品流通混乱,价格失控,伪劣商品增加,国内相关产品生产企业的生产积极性受到打击,市场商品自给率下降,对外依存度提高等。另外,贸易自由化战略实施期间,俄罗斯没有制定和贸易自由化战略相应的管理手段,这种制度缺失在一定程度上影响了贸易自由化对国内生产的作用,加剧了因经济转型造成的制度混乱,进而导致了经济衰退。

(二) 导致对外贸易规模的大幅波动

如表5-1所示,1991年和1992年两年,俄罗斯对外贸易规模锐减。1991年俄罗斯对外贸易额为1218.84亿美元,较上一年下降了33.5%,其中出口额为668.11亿美元,下降了24.5%,进口额为550.73亿美元,下降了41.9%。1992年外贸额仍持续下滑,减至965.76亿美元,较上一年下降了20.8%,其中出口额减少到536.05亿美元,同比下降19.8%,进口额减少到429.71亿美元,同比下降22.0%。此间,俄罗斯对外贸易额如此大幅度下降,究其原因主要是俄罗斯在实行贸易自由化政策之前考虑不够周全,具有一定的盲目性。如此就使得原有经济体制中被施以高度保护的国内企业失去了依靠，面对自由竞争的市场一时感到茫然，无所适从，很难在世界市场中参与竞争，获取比较优势利益。

表 5-1　1991—1994 年俄罗斯对外贸易规模统计　　单位：亿美元、%

年份	贸易额	同比增长	出口额	同比增长	进口额	同比增长
1991	1218.84	-33.5	668.11	-24.5	550.73	-41.9
1992	965.76	-20.8	536.05	-19.8	429.71	-22.0
1993	1039.50	7.6	596.46	11.3	443.04	3.1
1994	1180.60	13.6	675.42	13.2	505.18	14.0

注：数据经四舍五入。下同。

资料来源：根据中国驻俄使馆经商参赞处公布的数据整理。

1993 年和 1994 年，新任政府总理切尔诺梅尔金对俄罗斯经济政策做出了适当调整。此后，俄罗斯进出口贸易额才出现正的增长。如表 5-1 所示，1993 年俄罗斯对外商品出口额为 596.46 亿美元，较上一年增长了 11.3%，进口额为 443.04 亿美元，增长了 3.1%，进出口贸易额比 1992 年增长了 7.6%。1994 年俄罗斯出口额为 675.42 亿美元，较上一年增长了 13.2%，进口额为 505.18 亿美元，增长了 14.0%，进出口贸易额比 1993 年增长了 13.6%。应该说政策的调整的确收到了一定成效，整体对外贸易形势出现了好转，但是这种改革并没有实质性的动作，仅是就事论事调节，总体的贸易自由化战略尚未得以改变，不可能从根本上解决问题。所以，即使到了 1994 年年末，俄罗斯的对外贸易仍是没有恢复到 1991 年的对外贸易水平。

如表 5-2 所示，俄罗斯在 1995—1997 年实现了对外贸易规模的快速增长。其中，1995 年对外贸易的出口额为 810.96 亿美元，较 1994 年增长了 20.1%；进口额为 609.45 亿美元，同比增长

20.6%；对外贸易总额为1420.41亿美元，同比增长20.3%。与此同时，1996年、1997年的对外贸易总额也分别实现了6.6%、7.0%的增长率。纵观1995—1999年俄罗斯对外贸易规模统计情况，可以发现，在进口额和出口额方面，1995年及1996年都呈现上升趋势。这说明了这一时期俄罗斯实行的有管理的贸易自由化战略在一定程度上促进了对外贸易的发展。其中，进口额增长的原因主要在于相对于国外产品，俄罗斯国内产品的竞争力仍然较低，国家干预政策保护下的食品及轻纺等幼稚工业发展缓慢；而出口额增长的原因在于，俄罗斯在实行有管理的贸易自由化战略时，对出口放宽限制，并积极通过发挥俄罗斯的要素禀赋优势来参与国际贸易。在经济全球化的驱使下，世界各国为了促进经济发展而日益增加对原材料的需求，俄罗斯在初级产品上的出口就显得极具比较优势，这就促使俄罗斯的能源产品等初级产品的出口不断扩大。

表5-2　　1995—1999年俄罗斯对外贸易规模统计　　　　单位：亿美元、%

年份	贸易额	同比增长	出口额	同比增长	进口额	同比增长
1995	1420.41	20.3	810.96	20.1	609.45	20.6
1996	1513.88	6.6	891.10	9.9	622.78	2.2
1997	1620.00	7.0	883.00	-0.9	737.00	18.3
1998	1344.00	-17.0	746.00	-15.5	598.00	-18.9
1999	1153.00	-14.2	751.00	0.7	402.00	-32.8

资料来源：根据中国驻俄使馆经商参赞处公布的数据整理。

此外，表5-2中的数字显示，俄罗斯的对外贸易在1995—1997年经过快速增长期以后，又在1998年和1999年出现了大幅下滑的趋势。1998年俄罗斯对外贸易中，出口额下滑到746亿美元，较上一年下降了15.5%；进口额下滑到598亿美元，同比下降了

18.9%；同期对外贸易总额降至 1344 亿美元，同比下降了 17%。1999 年，对外贸易总额持续下降，为 1153 亿美元，较上一年下降了 14.2%，其中出口贸易额略有小幅增长，为 751 亿美元，同比增长了 0.7%，但进口额出现了大幅度下降，为 402 亿美元，同比下降了 32.8%。1998 年和 1999 年俄罗斯对外贸易总额下降的主要原因有三点：一是 1998 年"8·17"卢布大幅度贬值、东南亚金融危机爆发等原因，导致俄罗斯内需严重不足，企业投资能力下降，进口大量削减；二是由于美国、欧盟等国家和组织对俄罗斯发起的近 100 起反倾销调查，对俄罗斯造成了 16 亿—20 亿美元的巨大损失；三是金融危机爆发以后，世界市场经济不振，影响到了俄罗斯的对外出口，据相关统计资料显示，1998 年俄罗斯为此损失了近 150 亿美元。

俄罗斯在对外贸易战略中虽然增强了政府方面的监管职能，但总体上看，依照贸易自由化战略发展的整体布局仍然没有改变，这就导致世界市场的波动对俄罗斯的对外贸易规模造成了直接影响，一旦世界经济形势发生变化，俄罗斯所实行的贸易政策措施将无法发挥积极的作用，尤其是以能源出口为主的贸易战略，如果遭遇世界市场对能源产品需求的减少和石油及其产品价格的下降等情况是很难避免冲击的。

（三）出现对外贸易商品结构的失衡与恶化

俄罗斯在推行贸易自由化战略时，是根据本国和世界市场的商品供求情况来决定自身对外贸易的商品结构的，这导致俄罗斯商品结构呈现出了以出口初级产品和进口工业制成品为主的特点。以 1994 年对外贸易为例，当年俄罗斯的进口商品结构中机器设备和运输工具的进口比重较高，达 35.2%，居于首位。其次，是食品及农业原料，占 27.7%，位居第二位。仅上述四类商品的进口额就占总进口的52.9%。这种进口商品的过度集中满足了当时国内生产和生活发展的需要，但也给国内相关产业的自身发展造成了不良影响。同时，俄罗斯出口能源在整个商品结构中占有绝对的比重，为44.1%，居首位。其次，是金属、宝石及其制成品，比重达28%。机械设备及运输工具、纺织品等部分制成品的出口所占的比例却较低。这说明俄罗斯逐渐形成了以出口能源产品为主的出口商品结构。

俄罗斯不完善的经济结构，导致在贸易自由化战略的实施过程中对外贸易商品结构出现了诸多问题。受国内落后的工业生产影响，只能进口处于比较劣势的制成品，出口具有比较优势的能源产品。通常情况下，一国在国际分工和国际贸易中的地位能够通过该国对外贸易的商品结构来体现，就俄罗斯而言，不合理的外贸商品结构致使其一度成为世界经济中的"外围国家"。俄罗斯在对外贸易中采取出口能源产品等原材料换回工业制成品及轻工业产品等的措施，使得俄罗斯经济上的独立发展成为一大难题，与此同时也不能有效地获取对外贸易带来的产业结构升级等动态经济效应。此外，因为缺乏对苏联时期形成的畸形产业结构的考虑，加上本身资本密集型产品竞争力较低等初始条件，致使在贸易自由化战略的实施过程中，出现了在国际贸易中竞争优势不明显的状况，这进一步促使其以初级产品为主的商品结构的形成，从而丧失了经济独立发展的空间。

早在全面的贸易自由化战略实施阶段，俄罗斯对外贸易商品结构就已经开始呈现失衡的现象，为扭转这种局面，政府对之前推行的政策进行了调整，采取了有管理的贸易自由化战略。但新战略的实施，不仅未对整体对外贸易结构带来实质性的改善，甚至还出现了进一步恶化的现象。如表5-3所示，1995—1999年，俄罗斯进口商品结构中,机器设备及运输工具仍占据着较大的比重,在30%以上,高居不下。其中,1995年所占比重为33.7%,1998年增至35.6%,1999年略有回落,但仍高达33.3%。原因在于,俄罗斯失衡的产业结构及低下的国内产品竞争力使得其对装备制造业的保护作用难以发挥。由于俄罗斯对国内食品和轻纺等工业实行的保护政策,这一时期食品及农业原料进口规模呈现小幅度下降趋势,如表5-3所示。1999年食品及农业原料的进口额在总进口额中的比例由1995年的28.2%下降为26.7%。同期,纺织品及鞋类商品的进口比重也在下降,进口额占总进口额的比例由1995年的5.5%降至1999年的5.2%。

在商品出口结构方面呈现上升趋势的是能源产品,这与俄罗斯的国内实际情况有关,如表5-3所示,能源产品出口在俄罗斯对外商品出口中所占比重最大的年份是1997年,高达48.4%。即使在1998年受到了东南亚金融危机的影响,其出口比重仍高达42.8%,1999年又升至44.9%。此间,俄罗斯能源产品出口一直占据着很大的比重,究其原因,主要是俄罗斯能源资源十分丰富,为世界能源拥有大国,推行贸易自由化战略,取消了对商品出口关税及数量限制的规定,从而为此类商品的大量出口创造了有利的条件。

俄罗斯对外出口商品中,金属、宝石及其制成品所占的比重也较大,1995—1999年一直保持在20%以上,最高的年份为1998年,为27.6%,1996年和1997年该数值较低,但均仍达到了24.0%。通过俄罗斯在这一时期的进出口商品结构可以看出,在有管理的贸易自由化阶段,俄罗斯的出口商品结构仍是以出口初级产品为主。

表 5-3　　　　　1995—1999 年俄罗斯进出口商品结构　　　单位：%

年份 品名	1995 进口	1995 出口	1996 进口	1996 出口	1997 进口	1997 出口	1998 进口	1998 出口	1999 进口	1999 出口
机器设备及运输工具	33.7	9.9	32.1	10.0	35.3	10.7	35.6	11.4	33.3	10.9
能源产品	6.4	42.0	6.7	48.0	5.8	48.4	5.4	42.8	4.0	44.9
金属、宝石及其制成品	8.4	26.0	9.9	24.0	7.1	24.0	7.2	27.6	7.3	26.1
化工品及橡胶	10.9	9.9	14.2	8.7	14.4	8.3	15.1	8.7	16.0	8.5
木材及纸张纸浆	2.4	5.6	3.2	4.2	3.6	4.2	3.8	4.9	3.6	5.1
纺织品及鞋类商品	5.5	1.5	5.0	1.1	4.5	1.1	4.1	1.1	5.2	1.1
皮革、毛皮及其制品	0.4	0.4	0.2	0.3	0.3	0.5	0.3	0.6	0.3	0.3
食品及农业原料	28.2	3.3	25.0	2.0	25.1	1.9	24.8	2.1	26.7	1.3
其他	4.1	1.3	3.7	1.5	3.9	0.6	3.7	0.8	3.6	1.8

资料来源：根据俄联邦国家统计委员会《俄罗斯统计年鉴》(2001) 整理。

(四) 导致产业政策模糊，影响了相关企业的发展

俄罗斯推行的有管理的贸易自由化战略虽然在全面的贸易自由化战略的基础上使政府的监管职能有所增强，但是因为没有及时进行产业政策方面的引导，其国内产业结构的优化和调整难以实现，这就导致了在有管理的贸易自由化战略实施期间，俄罗斯产业发展的不平衡。具体表现为俄罗斯在机器制造、金属加工和食品工业等最终消费部门的产品生产能力下降。通常情况下，一国的对外贸易战略会通过对国内幼稚产业进行保护来实现产业的均衡发展。但是

俄罗斯贸易自由化政策的实施，实际上是更加倾向于利用市场来调节经济结构，进而实现资源的有效配置。所以在俄罗斯推行的对外贸易战略中忽视了对产业政策的跟进与完善，甚至出现了对产业政策的排斥，将产业政策看作是对某一个或几个特定产业提供优惠待遇和支持，这会破坏市场经济基础的存在。

正是因为这种错误的认识，忽视了利用政策对产业发展的引导，在一定程度上造成了俄罗斯国内部分企业生产能力的下降，只能靠进口商品来支撑国内的工业品供应。出现这一现象的原因主要在于，政策制定者对市场只有在信息完全对称、充分竞争、规模报酬不变或递增、经济活动不存在外部性等假设条件被满足以后，才能发挥其调节作用的理论理解不够，尤其是忽略了这些假设条件在实际操作中很难实现的道理，结果必然导致俄罗斯最初利用市场来调节生产的目标落空。所以，俄罗斯在产业发展政策上存在的缺陷，只能靠政府采取多方面的措施进行弥补，进而实现产业结构的调整升级，保护国内产业的正常发展，不断提升企业的生产积极性，增强市场商品供应的自给率。

第二节 对普京执政时期对外贸易战略调整效果的评析

在普京执政时期，俄罗斯政府开始将工作的重心调整到实现经济快速增长、调整对外贸易结构上来。俄罗斯经济在普京的领导下开始复苏，逐渐止住了经济颓势，体现了普京高举能源大棒、发挥比较优势、培育竞争优势、重视贸易伙伴多元化的对外贸易战略理念的作用。① 对于俄罗斯来说，国内拥有的自然禀赋优势是其提升国家竞争力的关键所在。普京显然也意识到了这一点，故在其当政期间积极掌控战略资源，制定与施行能源战略，大借能源比较优势，并通过世界能源市场的高价位及欧盟对其能源供给的依赖性来实现"大国复兴"的战略目的。普京尤其重视俄罗斯在国际能源市场上的重要作用，不断利用自身"石油大国"的优势来巩固和提升俄罗斯的强势地位。坚持依靠原材料的出口且保持经济高速发展来成就经济上的复苏。唯有如此，方能在一定程度上保障俄罗斯国内财政收入及企业利润，方能更好地吸收新产业发展急需的资金和技术。所以，俄罗斯将这一时期对外贸易战略的方向调整为"能源产品出口导向"，试图通过石油美元来带动俄罗斯 GDP 的增长。可以说，以比较优势为基础的对外贸易战略确实是立足于俄罗斯国内生产要素禀赋及经济发展水平之上的，尤其是在战略实施过程中，创造性地借助世界经济发展及新兴市场经济国家崛起而引发的石油价格上涨趋势，更是取得了显著的效果。此外，普京还采取进口替代战略对俄罗斯经济、产业结构进行调整，为进一步融入世界经济体系而积极实现贸易伙伴的多元化。

经过几年的努力，俄罗斯的对外贸易呈现明显的回暖趋势，这表明普京总统推行的以比较优势为基础的多元化贸易战略在一定程度上是符合国内外经济发展的实际的，基本达到了预期的目的。

一 正面效应

（一）促进了经济的快速增长

与叶利钦时期的对外贸易战略相比，普京时期推行的以比较优

---

① Xin, Li., "Putin's Dream of a Eurasian Union Background, Objectives and Possibilities", *Contemporany International Pelations*, 2011, 21 (6): 42 - 54.

势为基础的多元化贸易战略，能够更加充分地结合俄罗斯所处的国内外经济环境，有针对性地发挥国内具有的比较优势基础来参与国际分工，极大地促进了俄罗斯的经济增长。净出口在对外贸易战略的实施过程中能够直接影响经济的成长，普京时期以能源出口为导向的多元化贸易战略更是充分利用了自身的能源优势，以能源出口推动国内经济增长。事实证明，在普京执政时期俄罗斯国内生产总值（GDP）一直保持较快的增长势头，2000—2007年俄罗斯国内生产总值已由2000年的48232亿卢布增加到329886亿卢布，8年间增长了5.8倍。实际上普京执政时期由商品与劳务净出口而产生的国内生产总值占到了10%以上，比如在2006年的国内生产总值结构中净出口部分占到了12.7%。此外，普京执政时期推行的以比较优势为基础的多元化贸易战略还实现了其动态的经济效应，通过能源产品的净出口，俄罗斯增加了财政收入，对国内消费和投资产生了一定的刺激作用，通过该对外贸易战略的调整实现了对外贸易对经济增长的促进。而能够实现这一作用主要是因为俄罗斯在普京时期的对外贸易战略目标发生了变化，即基于普京的富国强民经济思想，主张国家确立和维护市场秩序，建立"有秩序的市场经济"。并且在对外贸易战略的实施过程中，俄罗斯充分利用资源禀赋优势，重视建立市场秩序，强化对对外贸易通过立法方式来进行管控，等等。这些措施不仅明确清晰、针对性较强，而且有利于推进现行贸易战略的实施。

（二）扩大了对外贸易规模

普京时期俄罗斯的对外贸易得到了快速发展，这与推行的贸易战略息息相关。以比较优势为基础的多元化贸易战略的实施，使国家在进出口贸易上的管理处于宽松状态，进而大幅度扩大了俄罗斯的进出口贸易规模。正如表5-4所示，2000年俄罗斯对外贸易总额为1449亿美元，与1999年相比增长了29.7%，增长的幅度较大，其中出口额1050亿美元，同比增长更是高达39%；进口总额也有显著的增长，为449亿美元，同比增长14%。在出口贸易中，2002—2007年一直保持较高的增长率，最高的年份达34.8%，最低的年份也超过5.3%，年均增长率达22.3%。到2007年，俄罗斯对外贸易总额已增至5522亿美元，较2000年增长了2.8倍，其中对外出口贸易额增长2.4倍，进口额增长3.4倍。俄罗斯在普京执政时期，能源产品的出口和消费品的进口在其对外贸易商品结构中占有较大的比重，并且在对外贸易地理方位及对象上呈现多元化趋势，这些都与普京政府推行的对外贸易战略有着直接关系。

表5-4　　2000—2007年俄罗斯对外贸易规模统计　　单位：亿美元、%

年份	贸易额	同比增长	出口额	同比增长	进口额	同比增长
2000	1449	29.7	1050	39.0	449	14.0
2001	1557	7.5	1019	-3.0	538	19.8
2002	1683	8.1	1073	5.3	610	13.4
2003	2113	25.5	1359	26.7	754	23.6
2004	2768	31.0	1820	33.9	948	25.7
2005	3704	33.8	2453	34.8	1251	32.0
2006	4686	26.5	3038	23.8	1648	31.7
2007	5522	17.8	3524	16.0	1997	21.2

资料来源：根据俄罗斯历年海关统计资料中的数据整理。

（三）能源为对外贸易主体的特征更加明显

能源战略作为普京时期俄罗斯的对外贸易战略主体，是由能源产品出口在俄罗斯进出口商品结构中所占的比重决定的，并且在利用贸易战略促进经济增长的过程中发挥了重要作用。这些主要表现为能源产品的出口在俄罗斯对外贸易总额中所占的比重较大，比如俄罗斯2000年的石油、天然气及石油制品的出口额占当年出口总额的一半以上，并且在2006年上升到60.3%。俄罗斯在这一时期发展能源产业及稳定经济增长的最直接的动力便是石油美元的直接流入。世界各国生产中能源产品所占的重要地位以及国内石油资源禀赋的不同，使得俄罗斯能源产品在世界市场上一直存在较大的需求。俄罗斯在以比较优势为基础的对外贸易战略的指导下，通过出口能源及其产品参与国际分工，逐步融入世界经济体系，实现了在分工中获取利益最大化的战略目标。俄罗斯在普京执政时期将能源战略作为其贸易战略中最重要的组成部分，这主要是因为一国在制定对外贸易战略时应充分考虑自身经济实力以及在国际经济中的地位，唯有如此方能在国际分工中实现利益的最大化。俄罗斯在普京执政初期刚经历近十年的经济衰退，国内产业结构严重失衡，经济矛盾尖锐，在此种环境下，俄罗斯当务之急便是实现经济的复苏。所以，能源出口作为对外贸易战略的主体，是俄罗斯摆脱经济危机、促进经济发展和恢复世界大国地位的重要战略。

二 负面效应

一般来说，完善的对外贸易战略在一定程度上会促使一国产业结构优化升级，然而从普京执政时期俄罗斯对外贸易战略的实施情况来看，虽然实现了进出口贸易规模的扩大，但是却因为能源产业的快速发展，导致国内产业结构呈现严重失衡的状态。在普京执政时期推行的对外贸易战略中，明确规定利用相关政策及措施调整国内经济结构，以最大限度地减少国内经济增长对能源工业的依赖。但是受叶利钦贸易自由化战略的影响，俄罗斯制造业发展缓慢，一直制约着产业结构的均衡发展。但从另一方面看，产业结构调整是一个长期复杂的工程，需要正确合理的政策来引导产业结构的优化。普京时期,受世界市场需求影响,能源价格呈现持续上涨趋势,与此同时,俄罗斯能源出口导向战略的实施,更是加速了国内能源产业的迅猛发展。2008年上半年俄罗斯各部门在工业生产增长贡献率中占据首位的便是比重为48%的能源部门,而消费和投资品部门的贡献率只占23%。这在一定程度上会使俄罗斯经济感染"荷兰病",对其他产业的发展造成障碍。考虑到产业政策在俄罗斯对外贸易战略中的作用,促使俄罗斯必须通过建立新的对外贸易战略来实现产业结构的调整。

第三节 对梅德韦杰夫执政时期对外贸易战略调整效果的评析

梅德韦杰夫执政时期,普京当选俄罗斯总理,这在一定程度上使得普京时代的经济思想得到延续。与以往不同的是,2008年爆发了国际金融危机,梅德韦杰夫和普京面临的是再一次在金融危机中被伤得千疮百孔的俄罗斯。金融危机爆发以后,俄罗斯国内生产总值达到新低,降幅高达9%,迫切需要建立新的经济发展战略。在特征鲜明的后危机时代,面对来自全球范围内的创新压力与世界经济复苏前景的不稳定性,俄罗斯深刻地认识到要想缓解"过分依赖石油"带来的经济脆弱性,就必须制定与俄罗斯国内经济发展相适应的创新型现代化贸易战略。梅德韦杰夫将俄罗斯在这一时期的贸易发展目标定位于"基于百姓高质量生活的同时确保自己在世界舞台的高威信",并且进一步明确了平衡国内资源与创新的关系是全面提升俄罗斯经济在世界市场中的竞争力的关键所在,而俄罗斯创新型现代化及培育国家竞争优势战略的实施,能够在一定程度上对俄罗斯贸易环境造成影响，如重建国际分工、改变国际贸易与投资的地理方向、拓展与深化区域一体化进程等。简而言之，俄罗斯需要通过实施新的贸易战略来实现比较优势向竞争优势的转化。因此，2008年金融危机爆发以后，俄罗斯全面采取创新型现代化贸易战略，其主旨在于提升俄罗斯在国际分工中的地位及世界经济市场的竞争力，实现国家现代化建设等战略目标。

一　正面效应

（一）推动了俄罗斯对外贸易的增长，并提高了技术产品在贸易中的比重

梅德韦杰夫执政时期，俄罗斯实施的创新型现代化贸易战略便是基于创新型经济发展模式，充分发挥创新机制来对俄罗斯对外贸易加以影响，促使俄罗斯逐步向具有国家竞争优势的创新推动阶段转变。因为在普京执政时期，俄罗斯倾向于利用能源等资源性商品出口和吸引外资推动国家竞争优势的形成，然而要素的稀缺性严重制约着能源出口带动贸易增长这一目标的实现。所以在梅德韦杰夫执政时期，俄罗斯对外贸易战略的重心是放在通过技术创新实现产品与制度的创新上，利用国内生产的高科技产业等制成品出口来调节及优化贸易结构，进而促使对外贸易迅速增长。

（二）促进了国家竞争优势的上升

梅德韦杰夫执政时期实施的创新型现代化贸易战略中关于进出口贸易战略的制定与实施，在一定程度上促使俄罗斯参与国际分工形式的转变，即由垂直型的以出口初级产品为主转向水平型的以出口制成品为主的国际分工形式，不断提升俄罗斯在国际市场中的地位及竞争力。依据迈克尔·波特钻石模型理论，梅德韦杰夫时期俄罗斯创新型对外贸易战略较好地引导了国内相关产业和企业的发展，并使其发生了较大的变化，即促使国内企业采用高技术进行产

品生产，以此发展相关产业，发挥各个要素的积极作用，进而促进国家竞争优势的提升。另外，在世界经济一体化迅速发展的大背景下，俄罗斯的自然资源禀赋优势在世界市场中面对能够相对自由流动的各国资源和要素的冲击已日趋减弱。因此，俄罗斯迫切需要采用新的贸易战略来实现国家竞争优势的维系与提升。创新型现代化贸易战略一方面能够充分发挥俄罗斯的对外贸易比较优势，另一方面又能够通过新机制实现贸易、人才、技术、信息和金融等各种要素的高效配置，促进国家竞争优势的提升。

(三) 促进了产业结构的升级

梅德韦杰夫时期实行的创新型现代化对外贸易战略有益于改善俄罗斯的产业结构，提高产出中制造业所占的比重，优化产业结构。这一时期俄罗斯的创新型贸易战略实质上是改变俄罗斯的外贸增长方式，即通过发展制造业来推动俄罗斯的经济增长。具体表现为加大对国内制造行业的资金投入，采用部分关税和非关税措施保护国内制造行业的发展，进而调整俄罗斯产业结构。俄罗斯拥有丰富的能源资源，且工业生产原料供应充分，因此创新型贸易战略为外资进入俄罗斯创造了充足的条件，而且由于产品客观存在的生命周期以及不断调整的世界产业结构等原因，俄罗斯的制造业具有强大的承接潜力。俄罗斯通过推行创新型的对外贸易战略，使制造业较好地发挥了规模经济的作用，逐渐实现了由进口替代向出口导向方向的转变，整体贸易结构更趋合理化。

(四) 为企业发展创造了良好的制度环境

企业作为世界各国之间竞争的微观主体，在一国对外贸易发展中发挥着重要的作用，尤其是企业拥有的自主创新能力，更是国家在世界市场中保持竞争优势的关键所在。俄罗斯在梅德韦杰夫执政时期，实施了创新型现代化贸易战略，出台了相关产业发展政策，大大促进了国内传统产业的成长，并增强了企业竞争意识。此外，俄罗斯政府一方面重视培养企业的自主创新能力，通过一系列政策鼓励企业利用和开发新技术，最终实现企业的技术产业化，另一方面通过调整国家的采购制度及税收机制等措施为企业发展创造良好的竞争环境。

二　负面效应

创新型现代化对外贸易战略保证资源型产业的发展被放在重要的位置，强调资源型产品的作用，也就是说，要把资源型产品出口作为主要出口产品。俄罗斯虽然资源较为丰富，如石油、天然气、木材等，但这些商品开采后再生的周期较长，有些属于无法再生的资源。所以，对资源型产品应保持适度的出口量，特别是对稀缺而无法再生的资源的出口更应持慎重的态度。

另外，对外出口政策的着重点放在资源产品生产上，对俄罗斯原有的优势产业——重工业，如机械制造业、汽车工业、电子工业等产业的发展带来一定的影响，使其竞争优势有所减弱，甚至导致其原有的优势消失殆尽。

本章小结

总体来看，俄罗斯转轨时期对外贸易战略的调整是较为成功的，应加以肯定。在推行贸易自由化战略的初期虽有些过急，导致后来出现一些新的问题，严重影响对外贸易的发展，使其对外贸易规模缩小，甚至出现负增长，但这些问题是与总体经济政策的调整分不开的，尤其是在打破旧制度建立新体制的过程中出现一些问题也是在所难免的，属于社会、经济体制变革探索中的过失，而且在发现问题后能及时地加以修正，减少了影响及损失。常言说"失败是成功之母"，俄罗斯如果没有先前的失误，也不可能有后来经济改革中取得的成就。

普京执政后正是在总结叶利钦时期推行对外贸易战略的经验及教训的基础上制定了以资源优势为基础的多元化贸易战略，即在总结贸易自由化战略的基础上形成新战略，使其成为相对更加符合俄罗斯实际国情及国外实情的战略，这也是此战略能取得成效的原因所在。同样，普京时期的对外贸易政策也为后来梅德韦杰夫制定创新型现代化贸易战略奠定了基础。因此，一种新型贸易战略的形成是有其过程的，即受到当时国内外的政治、经济背景、自身条件等客观因素的限制，我们不能脱离现实去看问题，政策再好也不可能长期有效，只有根据形势的变化不断及时加以调整，才能使其发挥出最佳的效果。

第六章　俄罗斯对外贸易战略的发展趋势

俄罗斯对外贸易已进入创新型发展阶段，并且在相当长的时期内要通过创新推动国家竞争优势的获得，以增强俄罗斯在国际分工中的地位及在世界市场上的竞争力。而在这一过程中，俄罗斯对外贸易战略将调整为高新技术产品的出口导向战略。

今后，俄罗斯对外贸易战略的发展趋势是以高新技术出口为导向的贸易战略，下面就重点分析一下其战略的基本走向。

第一节　高新技术出口导向战略的发展构想及目标

依据迈克尔·波特的国家竞争优势理论，一国的竞争优势要经历要素推动、投资推动、创新推动、财富推动这四个发展阶段。俄罗斯对外贸易目前已逐步进入创新型发展阶段，并且在相当长的时期内要通过创新推动国家竞争优势的获得，以提升本国在国际分工中的地位及商品在世界市场上的竞争力。而在这一过程中，俄罗斯对外贸易战略将发展为以高新技术产品出口为导向的战略。

世界经济一体化背景下，俄罗斯凭借其自身在科学技术上的优势，推动高新技术产业发展，不断扩大对外贸易中高科技产品的生产和出口。依据新兴古典经济学理论，一国经济发展中技术将越来越重要，并成为促进经济增长的内生变量。所以，在俄罗斯对外贸易战略中，充分发挥科技等高级要素的比较优势、全面构建高科技产品的出口导向型战略，有利于俄罗斯实现对外贸易与经济增长的良性循环，并将使俄罗斯获得更多的经济效益。

一 发展构想

本书所提出的高新技术产业，是以中国规定的高新技术产业范围进行界定的，即第三次科技革命后以研究、开发和生产高新技术产品为主的知识密集和技术密集的新兴产业[1]，并根据中国科技部和商务部确定的中国高新技术产品统计目录，将本书所涉及的高新技术产品划分为9个不同的领域，分别为计算机与通信技术、电子技术、计算机集成制造技术、生命科学技术、航空航天技术、光电技术、生物技术、材料技术及其他[2]。

以高新技术产品为主的出口导向型战略是俄罗斯在梅德韦杰夫时期实施的创新型贸易战略的延续，通过该战略使俄罗斯充分发挥国内的禀赋优势及科技潜力，有利于促使政府采取积极措施提升高新技术产品在出口贸易中所占的比重，进而不断调节和优化俄罗斯的对外贸易商品结构。另外，高新科技产品的出口导向型战略将通过国家相关政策支持来增强企业的国际竞争力，逐渐形成俄罗斯高新技术产业的集群化发展趋势；国家政策的完善还能为吸引外资创造良好的投资环境，积极开展科技合作实现高新技术产业化，进而以出口高新技术产品来推动国家的产业升级。

作为俄罗斯创新型贸易战略的重要发展趋势，高新技术产品的

---

[1] 《中国科学技术指标》，http://www.sts.org.cn。
[2] 同上。

出口导向贸易战略主要是基于发挥俄罗斯国内的禀赋优势及提升国家竞争优势目标，而其形成背景是世界经济发展及世界各国产业结构的优化升级。俄罗斯具备较高的科技潜力及科技竞争力，为发展高新技术产业奠定了必要的现实基础。而且，能源产品的不可再生属性及世界市场对能源产品需求量的持续增加，都会相对削弱俄罗斯的能源禀赋优势。能源产品出口导向型战略在俄罗斯已有长久的发展历史，曾致使俄罗斯的产业结构失衡，背离世界各国产业结构的优化升级调整方向，严重阻碍了俄罗斯的经济发展，加之现阶段高新技术产品在国际贸易规模中所占的比重不断增加，世界各国都非常重视高新技术产品在对外贸易中的地位。所以，俄罗斯推行以高科技产品作为出口导向的对外贸易战略，其意义非常深远，并对未来的经济发展十分重要。

二 战略目标

实施高新技术产品的出口导向型战略，将会有力地促进俄罗斯产业结构及经济结构的调整与优化，并刺激俄罗斯高新技术产业的发展，逐步形成集群化发展趋势，进而获取动态经济效应，增强俄罗斯的整体竞争优势，提升在国际分工中的地位。

首先，优化升级国家产业结构。高新技术产业作为俄罗斯高新技术产品出口导向型战略的主导产业，将拉动及实现俄罗斯产业结构的优化升级。俄罗斯对外贸易商品结构长期处于严重失衡状态，受产业结构影响，初级产品在对外贸易商品结构中所占比重过大。科技产品的出口导向型战略的推进，将会进一步提高政府、企业及全民对高新技术产业的重视程度，为高新技术产业的发展创造良好的条件，进而实现俄罗斯产业结构的升级。此外，高新技术具备的强大的产业关联性，促使国内与之相关的产业迅速发展，更有利于实现俄罗斯产业结构的升级。

其次，形成高新技术产业集群化的发展趋势。俄罗斯高科技产品的出口导向型战略的目标是积极发挥本国高科技产品在世界市场上的竞争力，进而大幅度增加国内高科技产品的出口规模，这一目标的实现需要俄罗斯在高新技术产业全面建立新型的发展模式，以提升高新技术产业的产出水平。总的来说，产业化较低是现阶段俄罗斯高新技术发展存在的主要问题，这就导致俄罗斯高新技术产业在国际上竞争力较低。所以，今后俄罗斯会不断以创新的形式来推动经济发展，全面推动国内高新技术产业集群化发展趋势，以不断优化高新技术产业链条，在国内形成集群化规模经济，促使高新技术产业在国际贸易中的竞争力持续提升。

最后，获取国家的贸易竞争优势。一国在不同发展时期推动贸易增长的助力是不断变化的，通常情况下会实现由比较优势的行业向有竞争优势的行业的过渡。叶利钦与普京时期俄罗斯倾向于采用以能源要素禀赋为主的能源产业比较优势来推动贸易发展，梅德韦杰夫时期，俄罗斯开始实行创新型贸易发展战略，自此俄罗斯正式进入由比较优势向竞争优势转变的初期阶段。而俄罗斯实施高新技术产品出口导向型战略，能充分发挥俄罗斯的科技与创新优势，提升高新技术产品在国际经济中的竞争力。另外，通过技术外溢实现高新技术产业的集群发展，更能助力俄罗斯贸易由比较优势的资源（能源）产业向创新竞争优势的高新技术产业的过渡。

一般来说，一国对外贸易商品结构在一定程度上直接反映着该国的产业结构，能够衡量该国经济发展阶段。高科技产品出口导向型战略的实施会提升高科技产品在俄罗斯对外贸易总额中的份额，不断优化贸易的商品结构，且其具备的高附加值更能优化俄罗斯的贸易条件，改变俄罗斯对外贸易中能源产品等初级产品占主导地位的现象。而且，俄罗斯政府采取了一系列措施推动高新技术产业集群化发展,这就形成了国内各产业协同发展的氛围,提升了高新技术产业的核心竞争力。部分企业也将在集群化发展模式下充分发挥微观经济主体的作用,加强自主创新的生产能力。此外,俄罗斯的国家竞争优势还会在高新技术产品出口导向战略中得到实现,这主要是基于该战略对俄罗斯优越的科技资源的利用。依据国际竞争优势理论,俄罗斯已呈现出由要素推动阶段向创新推动阶段发展的趋势,而该贸易战略则更明确地体现了俄罗斯将逐步通过创新来替代经济发展对能源出口的依赖。

第二节 高新技术产业出口导向战略需具备的基础及面临的问题

一 高新技术产业出口导向战略需具备的基础

高新技术产业出口导向战略作为俄罗斯创新型贸易战略的延续及表现形式,是由多种因素共同作用的。

产业生命周期的驱使作用。一国产业在市场上自产生到衰退的时间周期便是产业的生命周期,高新技术产业出口导向战略的构想正是符合产业生命周期发展趋势的表现。现阶段,一方面,基于俄罗斯所拥有的高新技术产业发展的科技基础及梅德韦杰夫时期创新型贸易战略的发展,俄罗斯的高新技术产业已经历了形成期,正进入产业发展成长期,并逐渐向产业发展成熟期过渡。另一方面,国际产业周期演进也间接地影响着俄罗斯产业的发展,国内主要产业在国际要素流动、技术扩散及国际市场需求等方面受到影响。国际市场上各国高新技术产业在其产业结构中所占的比重越来越大,国际贸易规模呈上升趋势。因此,俄罗斯也将实行高新技术产品出口导向战略以顺应产业发展的趋势。

技术创新对产业结构的优化作用。通常将某产业生产过程中推出新产品、新工艺及新的生产要素的组合称为技术创新。而俄罗斯高新技术产品的出口导向贸易战略在促进国内企业进行自主创新及产业结构的优化升级上具有重要的作用,它能促使企业依据市场需求积极推出新产品和新生产要素的组合,以最大限度地保证国内生产的产品在世界市场上的垄断优势及竞争优势。另外,通过高新技术的传播和运用,改造俄罗斯国内的传统工业,充分发挥技术创新在产业结构升级中的重要作用。

贸易与产品政策的互相促进效应。在贸易与产业政策互相促进基础之上的高新技术产品出口导向战略能够更好地将两者结合起来。俄罗斯技术产业政策主要表现为高新技术产品的生产,并通过各项产业政策的实施来调整和优化国家的产业结构及贸易结构。俄罗斯贸易政策主要表现在高新技术产品出口的导向方面,该贸易政策有利于形成产业优势的集聚,提升产业的核心竞争力,进而引导产业发展政策的正确制定与实施。① 作为俄罗斯战略性贸易政策的体现形式,高新技术产品出口导向战略符合世界各国在制定战略性贸易政策时所强调的产业政策与贸易政策相互融合的趋势。为此,俄罗斯政府将会在上述两种政策的融合上下功夫,力争使其成为有机政策整体,以更加有利于整体经济的发展。

政府的政策支持力度。俄罗斯政府已通过了科技和创新领域的一系列相关政策,这不仅有利于建立科技发展及创新型经济体系,还能为高科技产品的出口导向战略提供必要的政策保障。目前,俄罗斯政府规定科学研究的优先发展方向为包含纳米技术、核能、光

---

① 于永达:《国际经济学新论》,清华大学出版社 2007 年版,第 379 页。

电子、生物信息技术、生物工程技术及其他技术等在内的高技术领域，通过对这些科学领域的支持将为俄罗斯生产并出口高新技术产品提供技术创新所必需的科技基础。此外，俄罗斯政府还不断完善贸易体制及法律体系等，为国内高新技术产业的发展创造良好的科技进步环境，比如俄罗斯政府改革国有科研体制，为基础研究提供资金支持等。

充分挖掘科技潜力。高科技产品在生产过程中需要大量的先进技术为支撑，所以雄厚的科技基础是高科技产品生产和出口的前提条件。俄罗斯强大的科技潜力、完善的科研体系使其充分具备了高新技术发展的技术基础。据统计，俄罗斯目前约有科技人员89万，其中研究人员大约为41.4万，技术人员大约为7.5万，科研辅助人员大约为23.6万。[1] 与此同时，俄罗斯在核能、航天等领域也取得了重大的研究成果，其中俄罗斯每年在航天领域投入约占其GDP 1%的资金[2]；生物工程研究领域中生物芯片的研制成功极大地便利了对生物材料大量数据的分析；俄罗斯卫生署更是破译了一种可以使许多植物感染病菌的微生物基因组。所以，俄罗斯待挖掘的科技潜力是非常大的。

二 高新技术产业出口导向战略实施过程中面临的困境

高新技术产品的出口导向战略虽然能够刺激俄罗斯国内高新技术产业的发展，形成产业集群化发展，获取经济效应，增强俄罗斯的国家竞争优势，提升其在国际分工中的地位，但在实施过程中仍存在一些障碍，会对该战略的实施产生一定的影响。这些不利因素

---

[1] 《俄罗斯科技人力资源的现状和发展趋势》，http://www.cast.org.cn/n35081/n35668/n35728/n36419/11105325.html。

[2] Ruiz, F., Martínez, G., Ruiz, *Industrial Engineering: Innovative Networks*, Springer London, 2012: 21-28.

归纳起来，主要有以下几点。

（一）资金的匮乏

俄罗斯以高新科技产品出口为导向的贸易战略的确能起到促进科技产品生产的作用，但这一生产过程需要投入大量的技术和资本要素，从目前看其所具备的条件较为欠缺，会受到国内资金不足的制约。另外，国内企业为了充分保障其在世界市场上的核心竞争力不断强化自主创新，极力推进技术产业化，利用规模生产获取经济效益，但要实现这一目标，相关企业本身也面临着资金匮乏的困境。所以，俄罗斯高科技产品的出口导向战略的实施既需要政府的相关政策支持，又需要进一步增加吸引外资的力度，以及加强国际经济合作。

（二）人才的流失

作为保证俄罗斯高新技术产业发展的前提条件，大量的科技人才显得尤其重要。俄罗斯虽具备较好的人力资源开发机制，并且培养了一批能力较强的科研人员，但是劳动力产权的明晰化特点使得专业技术较强的人力资源在世界范围内追求报酬的最大化，导致人力资本的全球流动性，使俄罗斯面临着严重的人才流失问题。因此，俄罗斯在优化本国人力资源管理体制机制的基础上，广泛吸收世界各国人力资源，积极开展国际技术交流与合作。

（三）市场需求限制

俄罗斯实施高新科技产品的出口导向战略将形成高新技术产业的集群化发展模式，从而带来极大的规模经济效应，这在一定程度上导致了俄罗斯国内高科技产品的生产能力及产品种类的大幅度提升，所以俄罗斯将会面临国内市场有效需求不足与不断增加的产品供给的矛盾。为此需要积极开拓世界市场，加强与各国间的贸易合作，开发并建立完善的营销渠道及多元化的贸易伙伴，以最大限度地保证利用高科技产品的出口来优化其对外出口商品结构。

本章小结

本章概括性地总结了俄罗斯高新技术产品出口导向战略的发展构想、战略目标及其意义等，对实现这一构想的各种因素进行了分析，并提出了当前俄罗斯实现高新技术产业出口导向战略的有利因素及瓶颈。主要结论如下。

首先，高新技术产业出口导向战略是俄罗斯对外贸易发展的必然趋势，而要真正实行这一战略，应充分发挥自身的优势，并利用好国际经济发展的有利形势，克服缺陷，扬长避短。从目前情况看，俄罗斯面临的困难仍较多，与西方国家的关系较为紧张，以美国为首的一些国家对其制裁的影响早已显现出来，对其经济冲击的程度不可低估，这种制裁何时才能结束尚不可知。所以，俄罗斯高新技术产业出口导向战略若要顺利推进仍面临许多困难，需要付出艰辛的努力，因此缓解与参与制裁国家的紧张关系尤为重要，这也是该战略取得成效大小的关键。

其次，高新技术产业出口导向战略的目标是不断优化升级国家产业结构，形成高新技术产业集群化的发展趋势，以在国际市场上获得国家的贸易竞争优势，提升国家在国际分工中的地位。今后，俄罗斯在这方面将会加速国内产业结构的调整升级，以高新产业集群化来打造产业优势、产品优势，以增强产品的竞争力及国家的影响力。

再次，俄罗斯高新技术产业出口导向战略的构成依据是充分考虑到包括产业生命周期的驱使作用、技术创新对产业结构的优化作用、贸易与产品政策的互相促进作用、科技潜力及政府的政策支持等。这些作用的发挥对俄罗斯的经济发展非常重要，也是其增强国家综合实力、重新找回昔日风采的必经之路。

目前，俄罗斯的高新技术产业的发展已进入成长期，并逐渐向成熟期过渡，其高科技产业发展的基础还是比较好的。如果高新技术产业集群化发展顺利，就会使其国内产业链形成相互衔接良性循环的发展态势，从而提升高新技术产业的核心竞争力。

最后，俄罗斯在高新技术产业出口导向战略实施过程中面临着资金匮乏、人才流失及市场需求限制等困境，如果对高新技术产业的研究投资不足，不仅会直接影响到相关部门及企业研发创新的积极性，还有可能会使已经拥有或正在研发高新技术的部门向外寻求合作对象，进而导致高新技术人才的外流等。这些担忧的确是存在的，好在俄罗斯政府已清楚地认识到了这些问题，正在采取相应的对策加以防范及解决，但其力度及效果尚有待观察。

第七章　中俄双边贸易发展现状及对策建议

自中俄两国建交以来，从政治到经济上，一直保持着友好往来的合作关系，两国实现了从睦邻友好到战略协作伙伴关系的过渡。现阶段，中俄经贸往来快速发展，但是回顾这一路，也经历了无数的曲折和动荡。尤其是1993—1999年，中俄经贸关系发展一直处于不稳定状态，双边贸易额下降，徘徊在50亿—80亿美元。1999年以后，经历了经济阵痛期的俄罗斯，逐渐开始有计划地进入恢复性增长期，两国贸易额已连续10年呈增长态势。在国内生产总值方面，年经济增长率大多都保持在6%以上，仅2001年、2002年分别为5%和4.3%，在其他方面，俄罗斯国内市场活力增强，对国外商品的需求逐渐增加。另外，经济复苏带来的金融秩序的逐渐完善及支付能力的增强等因素，共同推动中俄两国在这一时期进入贸易快速发展的轨道。与此同时，中俄两国分别签署于2000年和2001年的《中俄政府间2001—2005年贸易协定》和《中俄睦邻友好条约》更是为两国的贸易发展做出了积极贡献。从中俄两国的贸易合作关系来看，虽然经历了不少曲折，但总的趋势是逐步向前发展，2000年以后，两国贸易额波动减少直至消失，开始呈现稳步发展的态势。

现阶段，伴随着经济全球化的发展，世界经济一体化进程不断加快，各国之间的经济联系也日趋密切。中国和俄罗斯作为两个发展中的大国,双方的贸易往来源远流长,中俄双边关系一直是诸多学者关注的焦点,尤其是近年来,随着世界各国经济实力的发展壮大,中俄之间的贸易伙伴关系也在不断地加深、加强。具体表现为贸易额迅速增加和贸易结构开始从劳动密集型产品向资本密集型产品转变。但是,从整体来说,双边贸易额却与中俄作为地理位置毗邻、同为转型性质的战略协作伙伴国关系不太相称,明显远远落后于中美、中日、中韩关系的发展水平。中俄两国在理论上有着较大的贸易发展潜力,然而在实践中双边的贸易发展进程却受到诸多因素的制约,严重影响了双边贸易规模的扩大。因此,在当前中俄经济加速发展的新形势下,双方有必要在互惠互利的形式下携手推动两国经贸合作,开创出新局面,跨上新台阶。简而言之,中俄加强经贸领域的合作,对促进双边经济发展、助推东北亚地区经贸合作,适应经济全球化发展总趋势有着重要的现实意义。

第一节　中俄双边贸易发展现状及存在的问题

一　中俄双边贸易现状及特点

(一) 中俄双边贸易发展现状

1999年以后,中俄双边贸易一直保持较好的增长态势,截至2014年,大多数年份两国贸易都保持着20%以上的增长率。如图7-1所示,自2000年起,中俄间的贸易呈现出快速增长的趋势,到2008年中俄双边贸易额首次突破了500亿美元,达569亿美元,较1999年大约增长了10倍。2009年,在国际金融危机的影响下,中俄贸易往来也深受波及,双方贸易额急剧下降,降至400亿美

第七章 中俄双边贸易发展现状及对策建议

元左右。2011 年以后，中俄贸易又开始快速增长，2012 年更是因为俄罗斯加入 WTO 而有了新的突破，超过 800 亿美元，2013 年达 890.1 亿美元，2014 年增至 952.8 亿美元。总的来说，中俄双边贸易额呈现快速增长的态势。

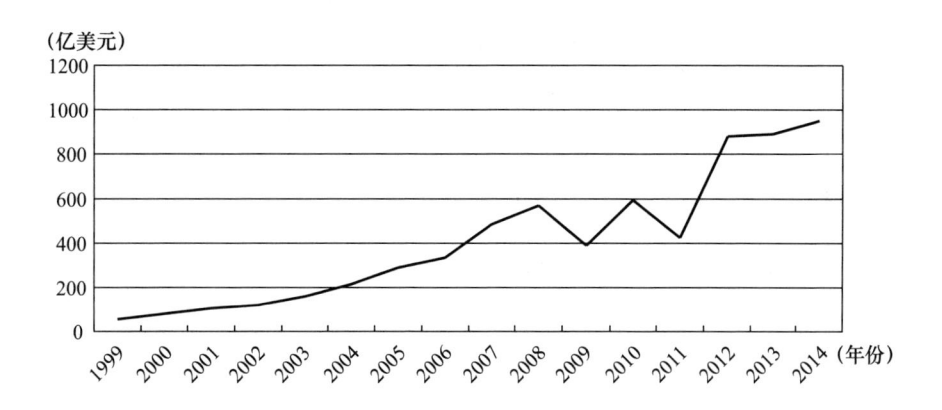

图 7-1　1999—2014 年中俄双边贸易额变化情况

资料来源：根据联合国 COMTRADE 数据库的统计资料整理。

中俄双边贸易虽然呈现出快速发展的态势，但是在整个过程中发展速度时而快速，时而缓慢，时而下降，时而上升。就中国向俄罗斯出口贸易额而言，在 1999—2010 年稳步增长，2011—2012 年较快发展，2013 年则略有放缓，总体上一直保持向好的状态。就俄罗斯向中国出口贸易额而言，1999—2006 年稳步增长，2007 年和 2008 年出现相对较快的增长势头，但 2009 年又因国际金融危机的影响，出口贸易额出现下跌。之后，经过中俄两国的共同努力，双边贸易规模再次迅速扩大，从 2010 年开始到 2013 年中俄间的贸易额年年都有新的增长（见图 7-2）。

在商品进出口结构方面，俄罗斯从中国的进口商品结构中，占

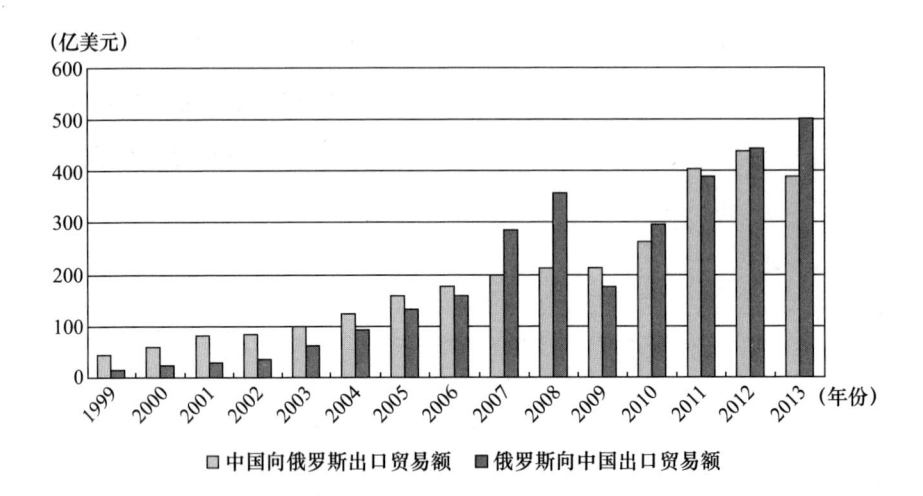

图 7-2　1999—2013 年中俄双边贸易额增长情况

资料来源：根据联合国 COMTRADE 数据库的统计资料整理。

据主要地位的是原料、动力资源、初级加工产品、轻纺产品和消费品，而俄罗斯向中国出口的大多是初级资源开发产品。两国虽然在上述产品方面相互之间仍有需求，但这种商品进出口结构事实上并没有反映出两国的经济发展水平和全部的市场潜力。

1. 俄罗斯对中国出口商品结构的变化

2002—2013 年，俄罗斯对中国的出口商品一直以能源、原材料为主，高新技术产品及机电产品的出口则明显呈不断下降的趋势。其间，俄罗斯对中国出口的初级产品主要包括石油、燃料及其产品、木材及木制品、肥料、矿物燃料等，从整体上看，俄罗斯对中国出口商品的结构变化并不大。

2013 年，俄罗斯对中国出口的主要商品为木制品、矿产品和金属制品，其出口贸易额分别为 20 亿美元、82.8 亿美元及 15.4 亿美元。在 2010 年这三类产品的出口额共占据俄罗斯当年对中国出口总额的 70% 以上，其中，木制品出口额占俄罗斯对中国出口总额的

12.3%，矿产品出口额占51.2%，金属制品出口额占9.5%。如表7-1所示，机电产品作为俄罗斯对中国出口的一个重要品种，出口额在2008—2014年有所下降。这个时期，俄罗斯向中国出口的机电产品主要包括核反应堆、锅炉、机械设备及零件、音响设备及其零件和运输设备等。在2008年，俄罗斯对中国机电产品的出口额约为7.74亿美元，占对中国出口总额的3.8%。之后俄罗斯对中国机电产品的出口额有所增加，2013年出口额达11.39亿美元，占对中国出口总额的6.84%。

表7-1　　2008—2014年俄罗斯对中国机电产品出口情况

单位：亿美元、%

年份	2008	2009	2010	2011	2012	2013	2014
对中国出口总额	203.90	161.80	192.70	268.80	240.50	166.40	375.10
机电产品出口额	7.74	7.48	9.11	7.34	10.13	11.39	14.51
所占比例	3.80	4.62	4.73	2.73	4.21	6.84	3.87

资料来源：中国商务部网站和俄罗斯海关委员会2015年5月公布的统计资料。

2. 俄罗斯从中国进口商品结构的变化

2002—2014年，俄罗斯从中国进口商品的结构经历了一个变化较大的过程，主要表现为2002年之前俄罗斯从中国进口的商品主要是以纺织品、原材料及鞋类为主，但近年来，随着中俄贸易发展的不断深入，俄罗斯对中国机电产品的进口呈逐年上升趋势。截至2013年，俄罗斯从中国进口的商品中居前五位的商品已变为机械器具及零部件、机电产品和音响设备及其零件、鞋类和护具、非针织服装及衣着附属品、塑料制品等。其间，俄罗斯从中国进口的纺织品及鞋类制品的比重逐年下滑，对中国机电产品的进口比重却稳步增加,目前,俄罗斯从中国进口的机电产品已成为第一大类商品,连续七年位居首位(具体情况见表7-2)。俄罗斯从中国进口的机电产品主要包括机电、电器和音响设备及零件,核反应堆和机械器具及零件,车辆产品及其零件等。

表7-2 2008—2014年俄罗斯对中国机电产品进口额及比重

单位:亿美元、%

年份	2008	2009	2010	2011	2012	2013	2014
从中国进口总额	346.60	219.60	377.90	454.50	510.40	516.90	508.90
机电产品进口额	160.00	97.62	170.55	212.37	230.18	234.96	234.65
所占比例	46.16	44.45	45.13	46.73	45.10	45.45	46.11

资料来源:根据中国商务部网站和俄罗斯海关委员会2015年5月公布的统计资料整理。

(二) 中俄双边贸易发展的特点

中俄双边贸易发展的特点,概括起来主要有以下几点。

1. 能源领域的贸易合作进展较快

自2006年3月普京总统访华后,两国在能源合作上正式结束了长期谈判拉锯的局面,开始步入实质性合作的新阶段。2008年从俄罗斯进口的石油占中国石油进口总量的6.5%;2010年从俄罗斯进口石油1500多万吨,占中国石油进口总量的6.4%;2011年从俄罗斯进口的石油已接近2000万吨。①

一般来说,能源生产国的销售市场是全球每一个国家和地区,而能源消费大国也在积极实现石油进口的多元化。从中国和俄罗斯

---

① 陆南泉:《中俄能源合作现状与前景》,http://www.dfdaily.com/html/8762/2012/8/7/838261.shtml。

的情况来看，不管是地理优势还是互补优势，都表明俄罗斯向中国出口油气在经济层面上是最划算的，在政治层面上也是最安全的。为此，俄罗斯向中国出口能源产品的意愿不断增强，加之中国对进口俄罗斯石油、天然气等能源产品的意愿也较强，故使能源合作的成果更加显著。例如，中俄在能源领域上游及下游的合作上同时取得了新进展，从而带动了原油贸易和技术服务贸易的快速增长。

2. 边境及地区间贸易合作发展较快

中国北方地区与俄罗斯东南面领土接壤，有着4300多千米长的共同边界线，就中国的黑龙江省而言，与俄罗斯接壤的边界线就有约3000千米，开设各类边境贸易口岸共有25个，这些地缘优势对中国和俄罗斯之间的贸易往来提供了得天独厚的便利。中国和俄罗斯两国有公路、铁路相连，并拥有多个港口，有利于人员走动及物流业的发展。

边境和地区间的合作作为中俄两国经贸合作的重要组成部分，发展的势头一直较好。这种合作方式不仅增加了双边经贸合作的内容与分量，也对两国地方政府间及民间的相互沟通与了解、进一步增进两国间的友谊发挥着重要的作用。2006年两国边境贸易额已由2000年的23.7亿美元增至70亿美元。远东地区作为俄罗斯最大的经济区，具有地广物博、资源丰富的特点，其中已发现的矿物有70多种，煤炭储量更是占俄罗斯总储量的40%，木材蓄积量占俄罗斯总蓄积量的26%。此外，该地区的鱼类与海产品资源也较为丰富，而且几乎没有受到任何污染，品质极高，深受中国欢迎。远东地区经济作为俄罗斯国家经济中相对比较落后的地区，开发的潜力很大。

近年来，俄罗斯针对远东地区的开发建设以及中国振兴东北老工业基地和"一带一路"经济发展走廊等措施，都在很大程度上为两国经贸合作的拓展营造了良好的环境。因此，从双方所处的地理位置优势上看，中国和俄罗斯在未来将会更加重视边境贸易的升级，充分利用地理位置、交通运输、人际关系等优势，扩大贸易往来，以为双方整体贸易的进一步扩展发挥积极的作用。

3. 两国贸易合作的领域不断拓宽

随着中俄政治关系的加强，两国合作领域正在不断拓宽，由最初的以资源性产品进出口为主逐渐转向科技、基础设施建设、投资金融及军工等更加宽泛的领域，特别是通过大项目的合作如铁路、石油、天然气管道的铺设等来促进贸易合作结构的升级。近年来，中国和俄罗斯都在不断努力扩展两国经贸合作的领域，俄罗斯的科学技术水平较高，在世界上占有举足轻重的地位，在航空航天、核能、生物工程、纳米材料、新材料等领域的技术世界领先。另外，俄罗斯在军工产业及造船业等领域的技术也处于世界前列。而中国的基础科学研究、航天、高铁设备等领域的技术水平也较高，尤其是近年来，中国的家电、化工等日用工业产品生产技术以及太阳能和农业生产技术等均达到了一定的水平。这种互补性为双方拓宽贸易合作领域奠定了良好的基础。两国在科技创新、能源、核能、环保等领域的贸易合作已取得了新进展，全方位、多领域已成为一种必然的发展趋势。

二 中俄双边贸易存在的问题

现阶段，中俄经贸合作方式是对以往中苏政府"以货易货"方式的继承和发展，同时中国和俄罗斯都处于经济转轨的发展过程中，在一定程度上导致中俄贸易发展中隐含着不稳定性。总的来说，中俄两国通过贸易往来既能互通有无，满足自身的需求，又能极大地促进双方的交流。但是，当前中俄贸易在发展过程中也存在一系列阻碍双方向更深层次发展的问题。因此，为了实现中俄两国经济和贸易合作战略的升级,深入分析中俄两国贸易往来存在的问题,并探寻问题产生的原因,采取行之有效的措施加以解决是十分重要的。

(一) 贸易规模与两国经济发展水平不对称

近年来,虽然中俄两国在双边贸易额上每年都能实现大约30%的增长速度,但总的来说,这个数据并不能完全体现出两国在贸易发展上的潜力,规模偏小是中俄贸易的一大问题。如表7-3所示,2012年中国与欧盟的双边贸易额为5460亿美元,欧盟继续保持与中国第一大贸易伙伴和第一大进口来源地的地位。同期,中国与美国的双边贸易额为4847亿美元,中日、中韩双边贸易额分别为3295亿美元和2151亿美元,而中俄双边贸易额仅为880亿美元。相对上述地区来说,中俄双边贸易规模显然偏小。中国商务部提供的数据显示,中俄双边贸易在中国和俄罗斯的对外贸易总额中所占的比重都不是很大。

表7-3 2012年中国与前十位贸易伙伴的贸易情况

单位:亿美元、%

排序	地区	贸易额	同比	占比
1	欧盟	5460	-3.7	14.1
2	美国	4847	8.5	12.5
3	东盟	4001	10.2	10.3
4	中国香港	3415	20.5	8.8
5	日本	3295	-3.9	8.5
6	韩国	2151	-2.5	5.6
7	中国台湾	1689	5.6	4.4
8	澳大利亚	1223	4.9	3.2

续表

排序	地区	贸易额	同比	占比
9	俄罗斯	880	11.0	2.3
10	巴西	857	1.8	2.2

资料来源：国家统计局和商务部公布的相关资料。

从表7-4中可以看出，中俄贸易额在中国进出口贸易总额中所占的比重一直在1%—3%徘徊，在这几年中，就2008年达到最高比重，为2.15%，2014年中俄贸易额虽然有所增加，但是中俄贸易在中国进出口总额中所占的比重并没有提升多少，仅为2.06%。对俄罗斯来说，在2007—2014年，中俄贸易额占俄罗斯进出口贸易总额的比重是8%—12%，并且中俄贸易比重差距较大，呈现出不稳定的态势。2013年俄罗斯进出口贸易总额为5771.3亿美元，但当年中俄贸易仅占其对外贸易总额的11.84%，并且是这几年中最高的年份，显然双方之间的贸易可以挖掘的潜力还是很大的。

表7-4 2007—2014年中俄贸易总额在双方贸易总额中所占比重的变化

单位：亿美元、%

年份	中俄贸易总额	中国贸易总额	所占比重	俄罗斯贸易总额	所占比重
2007	393.1	21737	1.81	4693.4	8.38
2008	550.5	25632	2.15	6231.5	8.83
2009	381.4	22075	1.73	3891.4	9.80
2010	570.5	29739	1.92	5599.7	10.19
2011	723.3	36420	1.99	6573.8	11.00
2012	750.9	38667	1.94	6429.4	11.68
2013	683.3	41603	1.64	5771.3	11.84
2014	884.0	43000	2.06	7828.6	11.29

资料来源：国家统计局、商务部和海关总署公布的相关资料。

(二) 贸易发展不平衡

从两国间的进出口额来看,自两国开展贸易以来,中国对俄罗斯的贸易长期处于逆差状态,1992—2006年,俄罗斯已成为中国继日本、韩国之后的最大贸易逆差国,中国对俄罗斯的贸易逆差最高的年份为2001年,达52.2亿美元,其间逆差贸易累计额为424.7亿美元。造成这一现象的原因主要是中俄产业结构的失衡,并且多年来俄罗斯对中国出口的商品大多是需求量较大的重工业、能源等高价值商品,相反从中国进口的商品大多集中于低价值的轻工制品。另外俄罗斯的消费市场在一定程度上影响着从中国的商品进口量,再加上贸易商品价值量的差异化等因素,这些均使俄方对中方贸易长期出超。但从2007年起中俄贸易中中方贸易逆差现象有所改善,当年出现大反转,双方贸易中中方成为顺差国,顺差额高达88.2亿美元。出现这种现象的主要原因是俄罗斯从中国进口的商品大幅度增加,而对出口中国商品中占据绝对比重的石油出口骤然减少。在2008年中方顺差额更是创下历史新高,达144亿美元。但到2009年受国际金融危机的冲击,中俄间的贸易规模缩小,其中俄罗斯大幅度削减了从中国进口的商品量,致使中国再次出现贸易逆差。此后,中俄双边贸易的发展一直处于较大的波动中,中方有的年份贸易顺差,有的年份逆差。其中,2010年中方顺差额为36.9亿美元,2011年中方又转为逆差,逆差额达14.8亿美元,2012年中方又转为顺差,金额达8亿美元,2013年中方顺差额较大,达110亿美元。从双方间的贸易顺差额及逆差额的变化中可以看出,中俄间的贸易缺乏稳定性,相互间的依赖关系不是十分紧密。

(三) 贸易商品结构有待完善

中国和俄罗斯虽然具有一定的地理优势和经济的互补性,但是中俄两国贸易往来中,进出口商品结构一直处于不稳定和低层次的状态。总的来说,双方贸易中缺少高科技含量、高附加值的产品。长期以来,中国和俄罗斯双边贸易的商品结构都是以初级产品、轻工制品及资源性产品的贸易形式为主。

俄罗斯从中国进口的商品主要有纺织品、服装、鞋类、家电等劳动密集型产品,受俄罗斯产业结构的影响,其对中国出口的商品主要是燃料能源、金属及其制成品、化工产品、原木及纸浆制品等。2008年俄罗斯从中国进口的商品仍以机电产品、纺织品及原料和金属制成品等为主,上述商品的进口额与上一年相比分别增长47.3%、55.5%和40.0%。此外,俄罗斯从中国进口的皮革箱包、矿产品和纤维素浆等增长也较快,增长幅度分别为66.9%、57.5%和70.6%。① 现阶段,中俄两国进出口贸易仍以劳动密集型和资源密集型产品为主,贸易结构单一的情况没有得到实质性的改善。2010年1—10月,俄罗斯从中国进口的主要商品是机电产品、纺织品及原料、金属制品、鞋靴等轻工产品,进口额同上年同期相比分别增长77.4%、93.9%、87.8%、56.0%(见表7-5)。

表7-5　　　2010年1—10月俄罗斯从中国进口的主要商品

单位:百万美元、%

商品类别	2010年1—10月	上年同期	同比	占比
机电产品	5771	3253	77.4	27.3
纺织品及原料	5479	2825	93.9	25.9
金属制品	2287	1218	87.8	10.8
鞋靴等轻工产品	1306	837	56.0	6.2

---

① 王苏柯:《关于建立中俄自由贸易区的论证》,http://www.docin.com/p-240406656.html。

续表

商品类别	2010年1—10月	上年同期	同比	占比
运输设备	919	576	59.5	4.3
家具、玩具制品	917	544	68.6	4.3
塑料、橡胶	766	455	68.4	3.6
光学、钟表、医疗设备	758	428	77.1	3.6
陶瓷、玻璃	615	349	76.2	2.9
化工产品	581	325	78.8	2.7
植物产品	551	277	98.9	2.6
皮革箱包	420	252	66.7	2.0
食品、烟草	238	244	-2.5	1.1
矿产品	181	107	69.2	0.9
其他	375	193	94.3	1.8

资料来源：中国商务部：《国别贸易报告——俄罗斯》2010年第1期。

就俄罗斯2010年1—10月对中国出口的商品而言，如表7-6所示，由于自身产业结构的局限性，仍是以原材料和资源类产品出口为主，同期俄罗斯对中国出口的产品主要是矿产品、木制品、化工产品，这三类产品与上年同期相比分别增长38.1%、14.0%、53.2%，这三类产品的出口贸易额共占对中国出口总额的71.4%。

表7-6　　　2010年1—10月俄罗斯对中国出口的主要商品

单位：百万美元、%

商品类别	2010年1—10月	上年同期	同比	占比
矿产品	7452	5395	38.1	53.8
木制品	1717	1506	14.0	12.4
化工产品	723	472	53.2	5.2
金属制品	615	402	53.0	4.4

续表

商品类别	2010年1—10月	上年同期	同比	占比
纤维素浆、纸张	548	486	12.8	4.0
机电产品	534	422	26.5	3.9
塑料、橡胶	529	332	59.3	3.8
动物产品	420	306	37.3	3.0
运输设备	299	286	4.5	2.2
光学、医疗设备	249	145	71.7	1.8
纺织品及原料	246	74	232.4	1.8
皮革箱包	204	65	213.8	1.5
家具、玩具杂制品	162	44	268.2	1.2
其他	157	109	44.0	1.1

资料来源：中国商务部：《国别贸易报告——俄罗斯》2010年第1期。

从表7-5、表7-6可以看出，中俄间贸易商品结构单一，存在一定的不合理性。这种现象在一定程度上影响了中俄双边贸易的发展，导致双方贸易规模的扩大是依靠数量的增加，而不是质的转变。这种现象需要双方共同努力加以解决，以实现双边贸易结构质的飞跃。

（四）贸易制度不规范

中俄两国市场经济形成的时间都比较短，市场机制不够完善，双方的贸易制度存在一定的差异，导致两国贸易环境的改善及具体规则等的不同步。虽然俄罗斯自加入WTO以来，依据国际惯例致力于改善中俄间的贸易关系，但从整体上来看，贸易制度不规范、往来衔接不够通畅等问题依然制约着两国贸易的发展。具体表现在，两国在交易结算、保险信用、质量监督等方面不能实现有效的接轨与融合。① 此外，中俄贸易在实际运作中暴露的问题不容忽视，如合同履约率低、买空卖空、债务拖欠、随意扣留货物和资金、包机包税等问题。尤其是俄罗斯普遍存在的"灰色清关"② 现象，更是严重威胁到与其有着合作关系的中国企业的利益安全。不完善的贸易制度无法为中俄贸易起到体制保障作用，虽然一直以来两国都在主观层面上表示出了对进一步加强双方经贸合作的期望，但是不完善的贸易制度已严重影响到了两国贸易合作的深入，更是难以实现跨越性的发展。

作为世界经济中两个急速发展的大国，中国和俄罗斯有着便利的地理位置条件，同时具有世界最长的共同边界线。中俄建交以来，双边贸易额一直呈现逐年增长趋势，贸易结构也在不断优化与改善。但是尽管如此，两国的贸易规模仍处于较低水平，很多问题仍有待解决。故在此过程中必然存在一些积极的因素促使两国贸易增长，与此同时，也存在一些消极因素对两国的贸易发展进程产生了阻碍作用。

1. 不断变化的国际环境要求中俄加强贸易往来

经济全球化和区域经济一体化进程的加快等国际环境因素成为影响中俄贸易发展的外在动力，在一定程度上为中俄两国的正常经济合作打造了良好的宏观外部经济环境。③ 具体表现在：首先，在

---

① 《中俄贸易摩擦的金融原因分析与对策》，http://money.163.com/09/0805/20/5FVSRF7I0025335L.html。

② "灰色清关"是指出口商为了避开复杂的通关手续，将各项与通关有关的事宜交由专门的清关公司处理的一种通关方式。一些所谓"清关公司"，帮助进口商品以低于法定水平的关税进入某国市场，主要方式为"包机包税"和"包车包税"。清关公司负责履行通关手续、收取税款，但一般不向出口商提供报关单据。"灰色清关"实质上是一种违法活动，因为清关公司只为一批进口商品中的一小部分货物缴纳足额关税，其余部分则通过向海关官员行贿来通关。

③ Dremina Alexandra：《中俄贸易的影响因素研究》，硕士学位论文，哈尔滨工程大学，2011年。

和平和发展成为全球的两大主题的今天，国际经济发展的大环境要求中俄两国应该积极顺应国际发展潮流，提升中俄经贸合作层次，这一方面完全符合中俄两国各自的国家经济利益与安全利益，另一方面也为中俄两国经贸合作的友好往来创造了极其有利的时代背景。其次，当今世界在经济全球化浪潮的冲击下，各国之间的经济联系日益密切，国与国形成的密切关系中经济利益的地位日渐突出。在此背景下，中国和俄罗斯的远东地区作为东北亚地区的重要组成部分，在客观上强调双方共同推动和加快东北亚区域经济的发展，这就要求中俄两国不断加强贸易往来。再次，近年来国际上爆发的一些重大事件也为加强中俄双方贸易往来及完善贸易结构提供了有利的契机。比如，2008 年爆发的国际金融危机，对西方发达国家经济发展造成了严重的冲击，在很大程度上影响到了中俄双方与西方国家的贸易往来，阻碍了中俄两国贸易的发展，但是在一定程度上，又为两国重建双边贸易合作发展战略及优化贸易结构创造了机遇。另外，中国与俄罗斯于 2002 年 6 月 5 日开始进行 WTO 双边市场准入谈判，并经过八次磋商就双方以平等互让原则进行货物和服务贸易达成共识；当年 9 月中国正式成为首批与俄罗斯签署加入 WTO 协议的国家之一，为进一步推动两国经贸合作升级提供了新的契机。2011 年俄罗斯正式加入 WTO，更是推动了中俄双边贸易的快速增长。最后，中国和俄罗斯两国的领导人都非常重视加强中俄之间的贸易关系，积极为两国建立战略协作伙伴关系而努力，这都为中俄两国经贸的友好往来奠定了坚实的基础。

2. 优越的地理位置条件促使中俄贸易快速发展

中国和俄罗斯东南面毗邻，互为对方最大邻国，有着 4300 多千米的共同边界线，其中，中国的黑龙江与俄罗斯拥有约 3000 千米的边境线，所拥有的各类边境贸易口岸共 25 个，这些得天独厚的优越地理位置条件为中国和俄罗斯之间的贸易发展提供了便利。具体表现在：首先，中国的东北地区恰好地处东北亚经济圈的中心地带，并且在地理位置上与俄罗斯、蒙古国及朝鲜接壤，与日本、韩国隔海相望，这些有利的地理位置条件都能促进中俄双边贸易不断发展，同时，还有利于促进俄罗斯与他国的贸易往来，所以，中国和俄罗斯两国将继续保持贸易合作关系。其次，中国和俄罗斯两国的公路、铁路相连，并且分布着多个港口，便利了与多个国家之间的贸易往来。再次，黑龙江的最大通商口岸绥芬河口岸为其带来的财政收入占据俄罗斯全面财政收入的比重逐年升高。① 最后，中国与俄罗斯建交多年来共同形成的贸易传统及区域经济合作历史悠久，近年来，俄罗斯针对远东地区的开发建设以及中国振兴东北老工业基地等措施，都在很大程度上为两国经贸合作创造了良好的机遇。此外，站在地理位置的角度上来看，中国和俄罗斯在未来将会不断促进边境贸易的升级，两国边境贸易将会得到极大的改进，这都将为未来两国之间贸易的发展提供极为有利的条件。

3. 友好的政治交往推动中俄贸易稳健发展

俄罗斯自获得独立以来，外交战略经过几个阶段的调整已日趋成熟。总的来说，在政治上中俄贸易关系正逐渐迈上新台阶，尤其是近年来，中国和俄罗斯的领导人进行了越来越频繁的会晤及互访活动，这一方面加强了双方在政治上的互相信任，另一方面在积极推动两国睦邻友好、合作共赢中发挥着重要的作用。这些互访和会晤行为对两国贸易发展起到了十分重要的推动作用，进一步巩固和

---

① 《通商口岸——绥芬河、东宁》，http://news.shm.com.cn/2009-01/01/content_2479230.htm。

提高了两国贸易关系,并获得了"国际中大国关系的典范"之美称。① 特别是现阶段,中俄两国更是共同建立了健全有效的合作与磋商机制,这无疑更是便利了两国之间沟通有无,使干扰两国多年的历史遗留的边界问题得到合理解决,切实维护了两国的根本利益。所以,从整体上来说,友好的政治往来将继续推动中俄贸易的稳健发展。

4. 经济因素助力中俄两国贸易的发展

(1) 经济发展水平。

作为一国与另一国之间贸易发展和提高的前提,经济的快速发展和提高在双边贸易中发挥着重要的作用。而现阶段,中俄两国的经济发展水平则明显表明两国之间的贸易继续提高具有必然性。俄罗斯在普京执政时期开始实现经济的复苏,此后俄罗斯经济得到持续快速发展,到 2007 年,俄罗斯的 GDP 达到了 12896 亿美元,实现了高速发展。但是 2008 年爆发的国际金融危机,对俄罗斯及世界经济造成巨大冲击。受金融危机的影响,俄罗斯的 GDP 出现了一定程度的下降。2010 年,俄罗斯经济开始重新抬头,当年国内生产总值比 2009 年增长 19.6%。2011 年,俄罗斯的经济持续快速发展,GDP 达到 18496 亿美元,与 2010 年相比增长 26.3%。2012 年,俄罗斯加入 WTO,使得经济发展速度继续稳健上升,GDP 达到 19891 亿美元,同比增长 7.5%。2013 年俄罗斯的 GDP 达到 20902 亿美元,同比增长 5.1%。而中国在 2007—2013 年的经济快速发展成果更是有目共睹的(见表 7-7)。两国经济的快速发展必然在一定程度上带动两国贸易不断向前,同

---

① 《中俄携手共建大国关系典范》,http://news.xinhuanet.com/world/2012-12/04/c_124041206.htm。

时也将逐步推动两国贸易合作的进一步发展。

表 7-7　　　　　　　　中俄两国 GDP 变化　　　　单位：亿美元、%

年份	中国		俄罗斯	
	GDP	增速	GDP	增速
2007	36100	—	12896	—
2008	43334	20.0	16765	30.0
2009	55510	28.1	12250	-26.9
2010	61228	10.3	14646	19.6
2011	72000	17.6	18496	26.3
2012	82622	14.8	19891	7.5
2013	93973	13.7	20902	5.1

资料来源：俄罗斯数据来源于俄罗斯联邦统计局；中国数据来源于中华人民共和国商务部、中华人民共和国海关。

（2）经济上的互补性。

具体来说，中俄两国在经济上的互补性主要表现在：首先，两国在自然资源上存在互补性。俄罗斯作为世界上能源最富集的国家之一，在远东及西伯利亚地区有着极其丰富的能源储量，约占世界总储量的三分之一，此外森林资源、水资源、毛皮兽资源也名列世界前茅。[1] 而中国虽然拥有丰富的能源总量，但是因为人口众多，人均占有量明显处于较低水平，加上市场上供不应求的矛盾日益突出，导致对大量进口能源资源的需求十分迫切。[2] 同时，在经济发展过程中石油、木材、电力等资源的短缺也逐渐成为阻碍经济发

---

[1] 《中俄关系的未来走向及影响因素》，http://www.doc88.com/p-308746473739.html。

[2] 同上。

展的关键所在。这些生产要素上的互补性决定了中俄双方共同合作开发远东自然资源的必然性和可行性。其次，两国在劳动力上的互补性。中国是一个人口大国，国内劳动力资源过剩。与之相反的是，俄罗斯人力资源相对短缺。此外，从劳动力层次结构上来看，中国的初级劳动力占有较大的比重，而俄罗斯则拥有丰富的高技术人才。这同时也导致了中俄两国在劳动力资源上存在互补性。最后，两国在科学技术上的互补性。作为世界上科学技术水平较高的国家之一，俄罗斯在生物工程、纳米材料、航空航天、核能、新材料等领域存在明显的优势，同时在军工领域也具有领先优势。而中国的部分日用工业品在国际市场上颇具竞争力。尤其是近年来，中国的家电等日用工业品技术已经非常成熟，部分品牌家电在欧美市场上所占的份额逐年稳步上升。所以，中俄贸易往来能够实现双方在科学技术上的互补性，达到共同发展的目的。

5. 能源合作符合中俄贸易战略要求

能源合作关系是中俄双方维持友好贸易往来的一个重要部分，中俄的能源合作已开展了十多年。在贸易往来期间，中俄政府及能源企业不断加大开发力度，使得两国在能源合作方面有了一系列重大的突破。具体表现为：两国在上游的合作不断取得新的进展，在下游的合作正在稳步前进，同时加强在管道项目上的科技投入与合作，取得了一系列重要成果，使原油贸易和技术服务得到稳步发展，并促成了能源合作与其他能源领域的合作。整体来看，中国和俄罗斯在能源上的合作是具有较大的积极作用的，甚至在某些领域取得了不少突破性的进展，这都为两国能源合作奠定了重要的基础。现阶段，中俄分别提出各自的根本性战略，即集中力量发展国家的综合国力,以实现国家的和平崛起。① 为了实现这一根本性战略,两国必然要采取一系列措施和政策营造和平稳定的国际环境尤其是周边环境。考虑到两国在未来的经济发展环境中都会受到彼此的影响,全面夯实两国关系的经济基础就显得至关重要,而油气合作无疑是两国最具潜力的合作领域。早在普京执政时期,俄罗斯就有专业人士指出,21世纪是"亚太世纪",也是"中国世纪",故此俄罗斯必须实现与亚太经济的一体化,必须充分把握和利用中国快速发展的契机,实现俄罗斯的快速发展。而该目标的实现就需要俄罗斯正视中国提出的能源合作问题。总的来说,中国和俄罗斯在经济发展上存在着较强的互补性,现阶段中俄已经建立起良好的经济合作机制,这也为两国的能源合作提供了重要的经济基础。但同时也应正视双方间存在的一些不利因素,主要包括以下几方面。

(1) 历史文化因素对中俄贸易的阻碍。

一般来说,在一国外交及经贸过程中,该国经长期历史沉淀而形成的文化因素具有重要的作用。就中国来说,五千多年的历史文明沉淀着儒家思想文化的背景,而俄罗斯也有着七百多年的历史文明,其中混合着欧洲人和亚洲的共同文化,所以,在一定程度上可以说,俄罗斯人的性格完全不同于欧洲人和亚洲人,但是同时又兼具两者的特征,具有矛盾性和复杂性。比如,部分对中国思想文化不甚了解的人提出"中国威胁论"及"中国扩张论"等。② 总而言之,中俄两国历史文化因素的差异在一定程度上会导致两国人民之

---

① 《美欧中俄的各自战略困境及不同阶段和不同方向的战略选择和结盟》,http://blog.sina.com.cn/s/blog_8d0e102c0100xwkm.html。

② "Interpretation of Shanghai Cooperation Organization Military Cooperation's Positioning and 'China Threat Theory'", *Academics*, 2010 (10) 7: 263-267.

间出现隔阂、误会、猜疑及一定的防范心理，这就对两国提出了新的要求，即不断增进彼此的理解和信任，通过经常性的交流互访全面推动双方政治和经贸方面的友好往来。此外，有些人急功近利，借着俄罗斯商品短缺亟须进口时，大量制造并出口伪劣产品，严重损坏了中国在对外贸易中的形象。

作为俄罗斯重点开发的区域，远东地区有着丰富的资源及广阔的土地，但是在基础设施和科技水平上相对于俄罗斯欧洲地区处于较低的发展水平。这就需要俄罗斯积极借助中国的资金、技术、人力等优势来充分发展远东地区。近年来，中国东北一些企业积极参与了俄罗斯在远东地区的工程项目，中国东北地区一些农民远赴远东地区承包土地等。[①] 依据常理，中国逐渐加强对俄罗斯远东地区的影响应该是对双方互利的，但是部分多疑的俄罗斯人却很快对中国人起了疑心，故此在远东地区排挤中国人的现象时有发生。[②] 此外，从历史上来说，俄罗斯远东地区的部分领土实质上是从中国掠夺的，俄罗斯在历史上给中国造成的伤痛是长久的，假使俄罗斯人在边境地区仍以多疑的态度排挤中国人，无视中国人抛出的橄榄枝，那么对未来中俄关系将会产生不良的影响。

现阶段，俄罗斯不断加强与中国的贸易合作，并与中国一同组建上海合作组织、金砖国家集团等，但是随着中国的迅速发展及中国在国际上的影响力与日俱增，俄罗斯越来越明显地对中国表现出不安、焦虑和防范的心理，甚至在一些地区针对主导权问题与中国形成了一种竞争态势。

---

① 《耕种在俄罗斯土地的东北人》，http://finance.ifeng.com/roll/20111124/5125311.shtml。
② 《俄罗斯远东人在中国受礼遇——在俄中国人却不轻松》，http://news.sohu.com/20090315/n262800313.shtml。

（2）交通运输不便对中俄贸易发展的影响。

中国和俄罗斯有着相邻的地理位置，并且在两国内已开通众多公路、铁路等运输方式，在相邻地区还设置多个港口，极大地便利了船舶运输。近年来，黑龙江绥芬河更是筹措资金完成了铁路站场的扩能改造工程，进一步提高了中俄之间货物的运输能力。但是，从整体上来说，中国和俄罗斯的交通运输相对于世界上其他国家仍然处于较低水平，中俄两国的交通运输条件一直存在运量小、交通工具少、运输安全隐患大等问题。俄罗斯虽然石油储量丰富，但是由于地理位置的原因，原油价格即使压到很低仍销售不畅。当前，俄罗斯每年经过满洲里铁路向中国出口的原油只有140万吨左右，无法满足中国对石油的需求。由此可见，交通运输上的不便对中俄两国的贸易发展产生了非常严重的阻碍作用。因此，中俄两国要积极开发石油管道，促进双方能源贸易的发展。

总而言之，虽然在影响中国和俄罗斯贸易发展的众多因素中有积极的部分也有消极的部分，但是从整体上来说，中国和俄罗斯的贸易发展方向是不断向前的。发展过程中遇到一些障碍在所难免，这就需要中俄两国站在战略的高度上，采取一系列措施共同克服制约两国贸易发展的因素，积极利用那些有利于两国贸易发展的因素，不断地巩固和促进中俄两国的经济贸易合作关系。特别是从现有的国际环境变化、地缘优势及经济因素等方面上来说，中俄两国的贸易具有良好的发展前景。

第二节 加速中俄双边贸易发展的对策建议

一 提高两国贸易合作的认识高度，充分利用好各种有利因素

思想是行动的先导，故中俄经贸的进一步发展一定要建立在对两国国内及国际经贸发展趋势深入分析的基础上，并积极立足于战略的高度，认真解决好面临的现实问题，着眼于长远发展利益的获得。具体表现为对以下八个方面的思考及落实：第一，站在巩固与发展国家关系乃至两国经济与安全利益的高度来思考如何进一步发展中俄贸易关系。第二，明确中俄市场多元化战略中两国经贸关系所处的地位及发挥的作用。第三，对在发展中俄经贸关系中的潜力和困难做出正确估计，并找出解决办法。第四，中俄两国政府应对今后双边贸易的发展采取更加积极的鼓励措施，如为企业提供或增加出口信贷，帮助解决扩大产品生产及贸易运营中面临资金短缺的难题；提供利率及关税上的优惠待遇；等等。第五，中国要针对对俄贸易中存在的管理分散、利益牵扯、效率低下等问题采取措施加以化解，而一套合理、完整、系统的运行管理机制和管理部门的建立就是一个很好的解决办法。第六，积极利用两国政府领导人的会晤机制及不同形式的见面机会等加强沟通，以不断增进两国互信。第七，进一步加强两国贸易部门的政策对话，就贸易秩序、贸易权益保障等问题达成共识，积极创造公平合理的贸易环境。第八，利用两国地方政府及民间团体的力量，通过开展企业联谊会、商品展会等多种形式的活动，促使双方关系的进一步发展，进而寻找贸易商机。①

现阶段，随着世界经济一体化步伐的加快，中俄以往仅以北方为重点的双边贸易显然不再适应两国未来发展的战略需要。因此，中国和俄罗斯必须及时调整两国针对对方的贸易发展战略，实现双边贸易从中短期向中长期的过渡，进而全面建立大范围、多形式、多主体的贸易发展战略。具体来说，即全面立足于两国国民经济的长远发展战略，以积极实现双方生产要素合理配置为标准，实现中俄双边贸易从俄罗斯远东和中国东北向各自国内纵深发展。因此，中国企业必须在继续扩大初级产品和劳动密集型产品出口的同时，不断加大技术密集型、资本密集型等高附加值产品的对俄输出，以进一步改善对俄的出口商品结构。

二 以俄罗斯加入WTO为契机，进一步完善中俄贸易制度

近年来，针对中俄间不规范的贸易制度，虽然中国和俄罗斯都做出了一定的努力，但稳定、规范的双边贸易秩序的建立并不是一蹴而就的，尚需进一步加强双方的沟通与协调，使贸易秩序井然有序并更加通畅。为此，中国应利用俄罗斯加入WTO的契机，加速推动两国贸易向规范化、制度化、法治化方向发展。俄罗斯加入WTO，有利于中俄两国在平等的地位上建立起规范的贸易制度，并且根据协议，俄罗斯加入WTO以后，中俄两国必须共同遵守WTO倡导的包括最惠国待遇、国民待遇、透明度、自由贸易及公平竞争等在内的双边贸易原则。此外，WTO规定的多边贸易框架将进一步消除中俄双边贸易存在的高关税壁垒、非关税壁垒及贸易争端等不规范的贸易制度，同时还能在一定程度上解决俄罗斯贸易服务体系

---

① 李平、汪勇：《俄罗斯加入WTO对中俄经贸的影响与对策》，http://www.docin.com/p-532268676.html。

中存在的如银行结算、仲裁机制及出口信用保险等问题。另外，中国和俄罗斯加强共同打击各种商业欺诈和不法行为，为双方贸易主体进入对方市场提供更周到的服务。总之，俄罗斯加入WTO以后，有利于双方建立合理、良好、规范的贸易秩序，最大限度地推动两国双边贸易的稳健发展。

三 调整进出口商品结构，促进贸易的可持续性发展

中俄两国在产业结构上有着较强的互补性优势，两国现有的商贸格局也是在这一互补优势的基础上形成的，并逐渐成为中俄商品贸易的主导模式，即俄罗斯向中国出口各类军备物资、原材料、能源等产品，同时从中国进口以劳动密集型为主的轻纺产品及鞋类等。但是，随着世界经济一体化的发展，这一贸易模式正面临着越来越多的挑战。从相关统计数据来看，我国向俄罗斯出口的工业制成品明显已超出初级产品的范畴，但是从俄罗斯进口的商品却大多仍停留在初级产品上。就两国贸易发展实际及世界贸易的主导格局来看，中俄间的这种要素互补性短期内不容易改变，因此中俄间会在较长时间内仍保持以产业间贸易为主的模式，同时逐渐实现向产业内贸易的过渡，这是促进中俄贸易可持续性发展的关键所在。这种提法的主要依据是：短期内，中俄双边贸易中仍会以劳动密集型产品为基础，同时推动技术与劳动要素的合理配置，全面发展内生性劳动密集型产品的格局仍无法改变。因此，今后应不断加大两国在技术领域的合作力度，增强技术溢出效应，提升双方在资本、技术密集型产品上的合作，这一点直接关系到两国进出口商品结构的调整升级及双边贸易可持续性发展的实现。

四 加大投资合作力度，以此带动中俄贸易发展

在影响中俄贸易进一步发展的各种因素中，双方相互投资力度的增减起着极其重要的作用。所以，今后中俄间应该不断加强合作

投资项目的建设，通过扩大投资来带动中俄贸易发展。就俄罗斯而言，应该在充分发挥自身资源优势的基础上，把握住中国西部大开发和振兴东北老工业基地及推行"一带一路"的契机，积极寻求合作商机，进一步加大相互投资的力度。就中国而言，应积极抓住俄罗斯当前开展基础设施建设和改造、开发资源及深加工等项目需要吸引外资以弥补自身资金不足的时机，摸清具体情况，统筹安排，并通过发挥双方间的互补性优势来促进合作项目的成功。此外，进一步加强在农、林、水产品的综合开发及轻纺、电子产品生产加工等领域的投资和技术合作，以此全面带动中俄双边贸易的发展，真正实现两国最大范围上的互利共赢。当前，中国和俄罗斯相关部门每年都分别选择在对方国家举办投资洽谈会、商品展览会等活动，起到了增进相互了解、推动双边经贸合作的作用，对这种促进国际合作的惯例模式应进一步加以强化及扩散。

五　优化贸易合作领域，提升贸易发展水平

为了进一步促进中俄双边贸易的稳健发展，实现合作水平的持续提升，中国应着眼于在继续巩固原有贸易合作领域的基础上，进一步优化双边贸易合作结构，积极寻找新的增长点，以不断提升双边贸易发展水平。近年来，两国一直致力于新合作领域的探索与开发，并且在一些大型合作项目上取得了一定的成果。其中中俄在1992年签署的共建田湾核电站的协议就是一个很好的典范，成为中俄间迄今为止最大的技术经济合作项目，目前该核电站已全面投入运营。另外，还有在俄罗斯境内共建的石油和天然气管道铺设、高铁线路建设等大型项目。这些大型项目的展开，必然会带动相关商品的输出输入。

中俄要想实现两国间贸易合作领域的优化与升级，应逐步扩大技术密集型和资本密集型等高附加值产品的进出口规模。因此，应充分发挥各自的优势,即俄罗斯在航天航空、核能、动力设备、采矿设备等方面较强的技术优势,中国在电子、通信、汽车及高铁等领域显著的优势。双方可以通过各自优势的互补来确定重点贸易合作领域,以扩大技术和资本含金量较高的商品贸易,进一步提升总体贸易发展水平。

本章小结

中国与俄罗斯是一对关系紧密的战略贸易伙伴,为了促进双边贸易的持续、稳健发展,中俄双方均做出了较大的努力,如及时调整各自与对方的贸易合作战略,使其更加有利于促进两国间的贸易往来;先后制定并颁布加强双边贸易合作的相关法规,以保障贸易往来的顺利进行;双方政府设定预期的发展目标,如计划在2015年中俄双边贸易额达到1000亿美元,2025年达到2000亿美元。以此加速扩大双边贸易规模,改善商品进出口结构,拓展贸易合作领域,等等。

中俄贸易开展以来,双边贸易额呈现不断攀升的态势,且发展速度较快。尽管如此,两国双边贸易规模还是没有达到理想的程度,与各自同其他贸易合作对象的贸易规模相比仍显得略小。而且在相互进出口产品结构上,俄罗斯向中国出口的大多是初级的能源开发产品,从中国进口的是初级加工产品及制造业产品,这种贸易规模及商品进出口结构事实上并没有反映出两国的经济发展水平和全方位的市场潜力。另外,还有贸易制度及贸易秩序的进一步完善及改进问题等。中俄贸易中存在的上述问题仍有待进一步加以解决,只有这样才能加快发展空间的拓展及潜力的挖掘。

今后,为了促进中俄贸易的进一步发展,应采取的对策是:①加强思想观念转变,不断充实和完善中俄贸易发展战略;②利用俄罗斯加入 WTO 的契机,促进贸易制度及秩序的改进;③注意构建高层次的进出口商品结构,实现贸易的可持续性发展;④通过加大投资合作力度,带动中俄贸易发展;⑤优化贸易合作领域,实现贸易规模的较大突破。

中国与俄罗斯在对外贸易上的进一步发展是现阶段两国实现全面发展目标的重要组成部分,而正确的宏观经贸战略的制定能够在很大程度上推动中俄双边贸易关系的持续、稳健发展。因此,为了进一步推动双边贸易的发展,中俄两国必须在共同抵御国际不稳定因素的基础上,站在更高的层面设计未来的发展与合作目标及方式,合理协调双边利益关系,重新构建行之有效的新战略、新思维,共同开创中俄贸易发展的美好未来。

结　　论

从世界经济发展的轨迹看，20世纪90年代后，在经济全球化步伐不断加快的背景下，各国之间的经济联系日趋紧密，发展经济、增强国家综合实力已成为主流观点。对外贸易作为国际经济交往的重要手段之一，对一国经济发展的促进作用也越来越大。所以，对外贸易战略的选择显得尤为重要，尤其是以俄罗斯为代表的转型国家，其对外贸易战略的选择及之后的实施更是直接成为影响经济发展的重要因素。俄罗斯对外贸易战略在转轨的不同时期随着经济全球化的发展及国内政治、经济形势的变化而不断推进演变，旨在更加适应其参与经济全球化的进程及国内经济政策调整的需要。从历史角度分析和研究俄罗斯转轨时期对外贸易战略的变化不仅能对经济史学做出必要的补充，而且还能进一步加深了解和解读其对外贸易战略调整的深层次含义，吸取其对外贸易体制改革及战略调整的经验与教训。

目前，经济全球化成为世界经济发展不可逆转的时代趋势，各国对世界经济的依赖度不断上升，对外贸易作为参与国际经济合作的重要形式越来越引起各国的高度重视。制定和推行合理健全的对外贸易战略能使国家在经济全球化中获得必要的静态和动态的效益，加快促进自身工业化的进程，尤其是抓住第三次科技革命带来的机遇，加速实现产业结构的调整升级，推动制度、科技、经营管理模式等领域的创新，不断为社会、经济发展注入新的活力。

俄罗斯自20世纪90年代开始实行市场经济体制以来，对外贸易体制改革正式成为俄罗斯经济体制改革的重要组成部分。俄罗斯在经济转轨的不同时期对对外贸易战略不断进行调整，即从贸易自由化战略转为以能源出口导向为主的多元化贸易战略，之后，在此基础上推行创新型现代化对外贸易战略。俄罗斯在转轨的不同时期正是通过这种对外贸易战略目标、内容及措施的不断调整，较好地适应了国际、国内形势发展变化的需要，使得经济在改革的过程中获得恢复与发展，最终取得成功，走出了一条前所未有的经济发展新路。

但应该指出的是，其对外贸易战略调整在取得成功的同时也带来了一些负面的影响，并逐渐渗透到国民经济的各个领域。主要表现在：一是以资本密集型为主的出口特点，使得其出口商品中原材料产品比重过大，对国际原料市场的依赖较为严重；二是技术密集型出口产品紧缺，投资型产品的比重过低，与之相反的是生活必需品的份额不断增长；三是对外贸易中对欧盟的依赖过重，导致对外贸易发展区域失衡，尤其是当欧盟出现债务危机时，无法避免其带来的冲击，造成整体经济下滑，金融市场流动性资金短缺；四是多国贸易壁垒影响俄罗斯出口贸易，一些西方国家为了减少对俄罗斯原材料、化工、燃料等产品的进口，有针对性地制定相关反倾销政策，给俄罗斯对外贸易战略的实施造成严重影响。以上问题是属于在开拓新事物中形成的弊端，其中有些也许能够避免，但有些是无法预知的，是事物发展的必然规律。

中俄双边经贸合作发展势头较好，尤其是现阶段两国政经合作已进入最佳的发展时期，经贸交往规模迅速扩大。在这一背景下，中国更应该清晰、客观、及时地了解俄罗斯对外贸易战略发展的轨迹及走势，并结合自身经济发展的实际情况来确定双边经贸合作的重点领域及具体合作的方式等，以使两国间的贸易合作得到更进一步的发展。

参考文献

［波］格泽戈尔兹·W. 科勒德克：《从休克到治疗——后社会主义转轨的政治经济》，刘晓勇、应春子等译，上海远东出版社2000年版。

［德］弗里德里希·李斯特：《政治经济学的国民体系》，陈万煦译，商务印书馆1961年版。

［俄］鲍里斯·叶利钦：《午夜日记：叶利钦自传》，曹缦西、张俊翔译，译林出版社2001年版。

［俄］列昂尼德·伊万诺维奇·阿巴尔金：《俄罗斯著名经济学家阿巴尔金经济学文集》，李刚军等译，清华大学出版社2004年版。

［俄］列昂尼德·伊万诺维奇·阿巴尔金主编：《俄罗斯发展前景预测——2015年最佳方案》，周绍珩等译，社会科学文献出版社2001年版。

［俄］普京：《普京文集：文章和讲话选集》，张树华等译，中国社会科学出版社2002年版。

［俄］普京：《千年之交的俄罗斯》，载《普京文集》，徐葵等译，中国社会科学出版社2002年版。

［俄］谢·格拉兹耶夫：《俄罗斯经济潜在问题及出路》，《国外理论动态》2003年第4期。

［美］迈克尔·波特:《国家竞争优势》,李明轩、邱如美译,中信出版社 2007 年版。

［英］亚当·斯密:《国富论》,孙善春、李春长译,中国华侨出版社 2010 年版。

包孟和:《经济转型不同时期出现的问题比较》,《中国对外贸易》(英文版) 2011 年第 22 期。

陈家勤:《当代中国对外经贸理论研究》,社会科学文献出版社 2010 年版。

陈新明:《论俄罗斯经济危机——生成原因·复杂影响·前景预测》,《长春市委党校学报》2010 年第 1 期。

丁晶、袁志刚:《政府干预和自由放任经济思想的演变与现实意义》,《经济研究导刊》2012 年第 9 期。

丁汝俊:《俄罗斯激进经济改革战略——"休克疗法"再评析》,《俄罗斯研究》2005 年第 1 期。

方彦富、刘义圣:《世界经济新变化与中国外贸政策取向》,长春出版社 2010 年版。

冯绍雷:《原苏东、南欧、拉美与东亚国家转型的比较研究》,《世界经济与政治》2004 年第 8 期。

冯绍雷、安源主编:《制度变迁与国际关系》,国际文化出版公司 1999 年版。

冯绍雷、相蓝欣:《俄罗斯经济转型》,上海人民出版社 2005 年版。

傅龙海:《国际贸易理论与实务》,对外经济贸易大学出版社 2009 年版。

关雪凌:《全球产业结构调整背景下俄罗斯经济定位的困境》,《国家观察》2005 年第 11 期。

郭连成:《国际高油价对俄罗斯经济的正负影响效应》,《世界经济》

2005 年第 3 期。

郭连成：《经济全球化与转轨国家财政金融安全相关性研究》，《国外社会科学》2010 年第 6 期。

郭连成：《经济全球化与转轨经济发展的关联性分析——对转轨国家经济的一个新的分析视角》，《国外社会科学》2007 年第 3 期。

郭连成、刘坤：《后金融危机时期转轨国家经济发展态势分析》，《财经问题研究》2010 年第 12 期。

郭连成、刘坤：《转轨国家经济结构调整的现状与趋势——以中国和俄罗斯为研究视角》，《财经问题研究》2011 年第 12 期。

郭连成、刘薇娜、刘坤：《危机后期转轨国家经济形势：现状、趋势与发展困境》，《国外社会科学》2012 年第 4 期。

郭连成、米军：《俄罗斯金融危机的演变与发展特点》，《国外社会科学》2009 年第 6 期。

郭连成、刁秀华：《国际金融危机与转轨国家的应对——以俄罗斯和中东欧国家为研究视角》，《财经问题研究》2009 年第 12 期。

郭连成、周轶赢：《经济全球化与转轨国家政府职能转换研究》，商务印书馆 2011 年版。

郝士平：《俄罗斯经济转型困境及对我国的启示》，《中国经贸导刊》2012 年第 2 期。

蒋明君：《普京八年：俄罗斯复兴之路（2000—2008）》（经济卷），经济管理出版社 2010 年版。

李景阳：《基本经济制度转变中的社会冲突：对俄罗斯的实证分析》，东方出版社 2002 年版。

梁佳敏：《从能源工业分析俄罗斯改善其对外贸易状况的前景》，《世界地理研究》1999 年第 6 期。

刘军梅:《应对金融危机:从比较中看俄罗斯经济的转型与发展》,《东北亚论坛》2010 年第 3 期。

刘旭:《对外贸易发展战略与对策》,电子工业出版社 2011 年版。

隆国强:《可持续中国外贸发展战略》,对外经济贸易大学出版社 2010 年版。

陆南泉:《对俄罗斯经济转轨若干重要问题的看法》,《经济社会体制比较》(双月刊) 2010 年第 2 期。

吕炜:《转轨过程中的财政职能界定与实现:基于体制的评价与改革》,《世界经济》2006 年第 11 期。

罗永光:《大国策:通向大国之路的中国国际贸易发展战略》,人民日报出版社 2009 年版。

蒙智睦:《外汇管理体制改革与外汇主体监管模式构建》,《区域金融研究》2012 年第 9 期。

戚文海:《经济转轨十年:俄罗斯经济增长方式探析》,《东欧中亚研究》2002 年第 4 期。

邱继洲、尹肖妮:《国际贸易学》,清华大学出版社 2008 年版。

沈世顺等:《经济转型中的结构调整》,国家行政学院出版社 2011 年版。

孙建耘:《俄经济增速尚可隐忧浮现》,《金融时报》2006 年 2 月 18 日。

王兵银:《俄罗斯对外贸易的现状与前景》,《西伯利亚研究》2000 年第 8 期。

王郦久:《普京经济思想与俄罗斯经济发展前景》,《现代国际关系》2002 年第 10 期。

王秋实等:《道格拉斯·C. 诺斯的新制度主义》,《经济译文》2006 年第 6 期。

王晓燕：《谈俄罗斯经济转轨过程中的对外贸易伙伴》，《东欧中亚研究》1998 年第 3 期。

吴敬琏等：《中国中长期经济增长与转型》，中国经济出版社 2011 年版。

徐坡岭：《俄罗斯经济转型轨迹研究——论俄罗斯经济转型的经济政治过程》，经济科学出版社 2002 年版。

许晓军、袁辉、宁凯等：《比较优势边界与国际贸易政策研究》，《沈阳工业大学学报》（社会科学版）2014 年第 4 期。

许新：《叶利钦时代的俄罗斯》（经济卷），人民出版社 2001 年版。

许志新：《重新崛起之路：俄罗斯发展的机遇与挑战》，世界知识出版社 2005 年版。

杨云丽：《激进式经济改革和渐进式经济改革比较分析——以俄中经济体制改革为例》，《山西师大学报》（社会科学版）2010 年第 2 期。

于永达：《国际经济学新论》，清华大学出版社 2007 年版。

张树华：《过渡时期的俄罗斯社会》，新华出版社 2001 年版。

张先锋：《贸易模式演进与中国对外贸易模式转型》，合肥工业大学出版社 2010 年版。

张养志、郑国富：《中亚五国经济体制转轨的新制度经济学分析》，《俄罗斯中亚东欧研究》2007 年第 1 期。

中华人民共和国商务部欧洲司、中国社会科学院俄罗斯东欧中亚研究所联合课题组编：《俄罗斯经济发展规划文件汇编》，世界知识出版社 2005 年版。

周全：《21 世纪的俄罗斯经济发展战略》，中国城市出版社 2002 年版。

Bing, G. and Yiwei, L., " Research on Development Strategies in

Sino - Russian Oil Trade", 2012 North - East Asia Academic Forum, 2012.

Deardorff, A. V., "Local Comparative Advantage: Trade Costs and the Pattern of Trade", *International Journal of Economic Theory*, 2014, 10 (1): 9 - 35.

Eder, T. S., *China - Russia Relations in Central Asia*, Springer Fachmedien Wiesbaden, 2014.

Fedotovs, Aleksandrs, "A Small Nation's Comparative Advantage: The Case of Latvia", *Business and Economic Horizons*, 2010, 1 (1): 51 - 57.

Freire, Maria Raquel and Mendes, Carmen Amado, "Realpolitik Dynamics and Image Construction in the Russia - China Relationship: Forging a Strategic Partnership?", *Journal of Current Chinese Affairs*, 2009, 38 (2): 27 - 52.

Gemmell, N. and Falvey, R., "Factor Endowments, Nontradables Prices and Measures of 'Openness'", *Journal of Development Economics*, 2010 (1): 101 - 122.

Guo, Wenqiang and Zhang, Shaojie, "Study on Forging Ahead Strategy of Developing Country from the Perspective of Comparative Advantage", *Canadian Social Science*, 2008, 4 (1): 16 - 18.

Guo, Yan, "'Most Difficult Year' — Sino - Russian Bilateral Trade in 2009", *China's Foreign Trade*, 2010 (4): 52 - 53.

Hashimzade, N., Khodavaisi, H. and Myles, G. D., "MFN Status and the Choice of Tariff Regime", *Open Economies Review*, 2011, 22 (5): 847 - 874.

Hilmarsson, H. and Dinh, T. Q., "Can Export Credit Agencies Facilitate Cross Border Trade to Emerging Markets and Help Increase Investments and Innovations in Their Food Processing Industries", *Journal of Applied Management and Investments*, 2013 (3): 176 - 186.

Itah, Shaichi, "Sino - Russian Energy Relations: True Friendship or Phony Partnership?", *Russian Analytical Digest*, 2010 (73): 9.

Jin, Huijun, et al., "Zonation and Assessment of Frozen - Ground Conditions for Engineering Geology along the China - Russia Crude Oil Pipeline Route from Mo'he to Daqing, Northeastern China", *Cold Regions Science and Technology*, 2010, 64 (3): 213 - 225.

Jing, L. and Bing, G., "Analysis of Difficulties and Countermeasures of Sino - Russian Economic and Trade Cooperation", North - East Asia Academic Forum, 2011.

Lampe, M. and Sharp, P., "Tariffs and Income: A Time Series Analysis for 24 Countries", *Cliometrica*, 2013, 7 (3): 207 - 235.

Lemoine, F., "From Foreign Trade to International Investment: A New Step in China's Integration with the World Economy", *Economic Change and Restructuring*, 2013, 46 (1): 25 - 43.

Li, Guoyu, "Development of Freezing - Thawing Processes of Foundation Soils Surrounding the China - Russia Crude Oil Pipeline in the Permafrost Areas under a Warming Climate", *Cold Regions Science and Technology*, 2010, 64 (3): 226 - 234.

Luo, Zuoxian, "Russia's Oil and Gas Investment Environment and Prospects for Sino - Russia Oil Cooperation: Sino - Global Energy", *Natual Gas Industry*, 2010 (7): 56 - 60.

Mariniello, M., "Should Variable Cost Aid to Attract Foreign Direct Investment be Banned? A European Perspective", *Journal of Industry, Competition and Trade*, 2013 (2): 273-308.

Mathieu, Charlotte, "Assessing Russia's Space Cooperation with China and India - Opportunities and Challenges for Europe", *Acta Astronautica*, 2010, 66 (3-4): 355-361.

Minondo, A., "Does Comparative Advantage Explain Countries' Diversification Level?", *Review of World Economics*, 2011, 147 (3): 507-526.

Nair-Reichert, U. and Weinhold, D., "Causality Tests for Cross-Country Panels: A New Look at FDI and Economic Growth in Developing Countries", *Oxford Bulletin of Economics and Statistics*, 2001, 63 (2): 153-171.

Perfilyev, N., "The Sino-Russian Space Entente", *International Journal of Space Politics & Policy*, 2010, 8 (1): 19-34.

Pirchner, Herman Jr., *The Uncertain Future Sino-Russian Relations in the Twenty-First Century*, University Press of America, 2010.

Posselt, T. and Rauch, M., "German-Russian Business R&D Cooperation: A Bridge Still Too Far", *Journal of East-West Business*, 2011 (2-3): 170-183.

Sheng, W., Xiao, L. and Jinfu, Z., "Building a New Type of Sino-Russian Relationship", *Contemporary International Relations*, 2013, 23 (5): 89-104.

Shirov, A. A., "Foreign Trade in the Structure of the Current Model of the Russian Economy", *Studies on Russian Ecomomic Development*, September, 2011.

Simeone, John, "Timber Export Taxes and Trade between Russia and

China: Development of the Forestry Sector in the Russian Far East", *The Forestry Chronicle*, 2012, 88 (5): 585 – 592.

Tu, Yonghong and Dai, Wensheng, "The Excess Liquidity of the Open Economy and its Management", *International Economics Studies*, 2011 – 2012 (39): 45 – 54.

Uffelmann, D., "Post – Russian Eurasia and the Proto – Eurasian Usage of the Runet in Kazakhstan: A Plea for a Cyberlinguistic Turn in Area Studies", *Journal of Eurasian Studies*, 2011 (2): 172 – 183.

Volovik, N. and Kharina, K., "Russia's Foreign Trade in December 2012", *Journal of Russian Economic Developments*, 2013 (3): 24 – 27.

Waldkirch, A., "Comparative Advantage FDI? A Host Country Perspective", *Review of World Economics*, 2011, 147 (3): 485 – 505.

Weede, E., "Long – Run Economic Performance in the European Periphery: Russia and Turkey", *Kyklos*, 2011 (1): 138 – 156.

Xie, Z. Y. and Zhang, X. L., "Analysis of Path Dependence in the Transformation of Resource – Based Cities", *Advanced Materials Research*, 2013 (869 – 870): 226 – 229.

Xin, L., "Putin's Dream of a Eurasian Union Background, Objectives and Possibilities", *Contemporary International Relations*, 2011, 21 (6): 42 – 54.

Xing, Guangcheng, "Deepen the Meaning of Sino – Russian Strategic Partnership of Coordination", *China International Studies*, 2011 (5): 156 – 177.

Yang, Yang, "Development and Strategy of Sino – Russia Bilateral Trade: Business Economy", *Trade Economy*, 2010 (22): 34 –

40.

Yang, Y. and Chen, Q., "A Multi – Objective Optimization Approach to Improve the Customs Clearance Process for Imported Goods", 2010 2nd International Conference on Industrial and Information Systems, 2010.

Zhang, J., Tang, D. and Zhan, Y., "Foreign Value – Added in China's Manufactured Exports: Implications for China's Trade Imbalance", *China & World Economy*, 2012, 20 (1): 27 – 48.

Zhao, Huasheng, "Sino – Russian Relations 2009 to 2010: A Perspective from China", *Russian Analytical Digest*, 2010, (73): 5.